JN064652

少額訴訟の理論と実務

秩父簡易裁判所判事　三　好　一　幸　著

司　法　協　会

は し が き

　少額訴訟は，民事訴訟のうち，60万円以下の金銭の支払をめぐる紛争を速やかに解決するための手続です。令和2年3月までの1年間，東京簡易裁判所の少額訴訟専門室で少額訴訟を担当したので，理論と実務シリーズの1冊として，「少額訴訟の理論と実務」を執筆することにしました。

　なお，本書の原稿の段階で，今井功先生（元最高裁判所判事・弁護士）に，御多忙中にもかかわらず目を通していただき，貴重な御指摘をいただきました。ここに御礼申し上げます。

　　令和3年1月

三 好 一 幸

目　　　次

文献，判例凡例

民集	最高裁判所民事判例集
刑集	最高裁判所刑事判例集
裁判集民	最高裁判所裁判集民事
高民集	高等裁判所民事判例集
東高民時報	東京高等裁判所民事判決時報
下民集	下級裁判所民事裁判例集
交民集	交通事故民事裁判例集
判例解説	最高裁判所判例解説民事篇
判時	判例時報
判タ	判例タイムズ
金融法務	金融法務事情
金融商事	金融・商事判例
条解規則	条解民事訴訟規則（最高裁判所事務総局）
条解民執規則	条解民事執行規則（最高裁判所事務総局）
コンメ民訴	コンメンタール民事訴訟法（日本評論社）
法	民事訴訟法
規則	民事訴訟規則
民執法	民事執行法
民執規則	民事執行規則

第1編　少額訴訟

第 1 章　少額訴訟

第1　少額訴訟

1　少額訴訟手続の特徴

　　少額訴訟手続は，60万円以下の紛争額に見合う時間・費用・労力で紛争を解決するための，簡易・迅速な手続である。

2　適用法令

　　少額訴訟に関する特則については，民事訴訟法368条から381条までに定められている。

　　少額訴訟に関する特則の定めがない場合は，**簡易裁判所の訴訟手続に関する特則**（同法270条から280条まで）が適用になり，その特則もない場合には，同法の通常訴訟手続の規定が適用される。

3　少額訴訟の性質

（1）　**略式訴訟説（訴訟説）**

　　少額訴訟は，略式訴訟又は多少とも非訟的要素を含む略式訴訟であると解する。多数説である。

　　当事者は，少額訴訟手続を選択するにあたって，略式の裁判を受けているという意識を有しているものと考えられ，少額訴訟は，略式の裁判であっても，訴訟としての実質を失うものではないと解される。

（2）　**形式的略式訴訟説（実質的仲裁説）**

　　少額訴訟の実質は仲裁以外の何ものでもなく，形式的略式訴訟（実質的仲裁）というべきものであるとする。

　　支払猶予判決（法375条，後記93頁）において，手続法によって実体権の内容を変更する正当性の理由付けとされることがある。

第2　少額訴訟の申立て

　　最近の司法統計年報（令和元年）によると，少額訴訟の事件の種類としては，売買代金が約11パーセント，貸金が約13パーセント，交通事故による損害賠償が約7パーセント，その他の損害賠償が約10パーセント等となっている。

1　少額訴訟の要件等

> 　簡易裁判所においては，訴訟の目的の価額が60万円以下の金銭の支払の請求を目的とする訴えについて，少額訴訟による審理及び裁判を求めることができる。ただし，同一の簡易裁判所において同一の年に最高裁判所規則で定める回数を超えてこれを求めることができない。（法368条1項）

(1)　少額訴訟の対象

　ア　対象事件

　　(ア)　訴額

　　　少額訴訟の対象は，訴訟の目的の価額が60万円以下の金銭の支払を目的とする訴訟である。

　　(イ)　金銭請求

　　　少額訴訟の対象は，金銭支払請求に限られる。物の引渡請求や作為・不作為請求はもちろん，金銭債務の不存在確認請求も許されない。

> 　一の訴えで数個の請求をする場合には，その価額を合算したものを訴訟の目的の価額とする。ただし，その訴えで主張する利益が各請求について共通である場合におけるその各請求については，この限りでない。　　　　　　　　　　　　　　　　　　　　　（法9条1項）
> 　果実，損害賠償，違約金又は費用の請求が訴訟の附帯の目的であるときは，その価額は，訴訟の目的の価額に算入しない。
> 　　　　　　　　　　　　　　　　　　　　　　　　　　　（同条2項）

　イ　一部請求

　　(ア)　一部請求

　　　一部請求とは，金銭その他不特定物の給付を目的とする債権に基づく給付訴訟において，原告が債権のうちの一部の数額についてのみ給付を申し立てる行為をいう。

　　(イ)　少額訴訟における一部請求

　　　少額訴訟手続において，一部請求については格別の制約はない。

　　　少額訴訟手続による紛争解決に適さないと解される場合には，職権に

よる通常移行決定（法373条3項，後記85頁）によって対処することになるだろう。

　(ｳ)　一部請求と残額請求

　　　原告が一部請求である旨明示した場合は，後日残額を請求することができるが，一部請求である旨を明示しなかった場合は，後日残額を請求することができない。

【判例①】ある金額の支払を請求権の全部として訴求し勝訴の確定判決を得た後別訴において，右請求を請求権の一部である旨主張しその残額を訴求することは，許されないものと解すべきである。（最2小判昭32・6・7民集11巻6号948頁，判時120号1頁，判タ76号24頁）

【判例②】金銭債権の数量的一部請求訴訟で敗訴した原告が残部請求の訴えを提起することは，特段の事情がない限り，信義則に反して許されない。（最2小判平10・6・12民集52巻4号1147頁，判時1644号126頁，判タ980号90頁）

　ウ　原告の手続選択権

　　　原告は，少額訴訟手続の対象となる事件につき，少額訴訟手続を利用するか通常訴訟手続を利用するかを選択することができる。

　エ　利用回数の制限

　(ｱ)　少額訴訟を求め得る回数

　　　少額訴訟手続の利用については，回数制限がある。

> 　法第368条（少額訴訟の要件等）第1項ただし書の最高裁判所規則で定める回数は，10回とする。　　　　　　　　　　　（規則223条）

　(ｲ)　利用回数を制限する理由

　　　少額訴訟においては，訴訟に関する知識や経験の乏しい一般市民が，直面した少額の紛争を自ら簡易裁判所の訴訟手続に持ち込み，訴額に見合った費用や時間の負担の範囲内で簡易迅速に判決や和解等の解決を得られるようにするためのものである。このような少額訴訟の性格から見ると，特定の者が多数回にわたって独占的にこの手続を利用する状況は好ましくなく，国民が平等にこの手続を利用する機会を確保し，そのメリットを享受することができるようにするため，法368条は，少額訴訟手続の利用回数について一定の制限を設けることとしたものである（条解規則459頁）。

　　　　(ｳ)　回数の計算

　　　　　回数については，訴訟が訴えの却下や取下げで終了した場合や，通常の手続へ移行した場合も，1回と計算することになる。

　　　　　訴訟が他の簡易裁判所に移送された場合は，既に申述された裁判所で1回と計算されているので，移送先の裁判所においても1回と計算することは適当ではないと考えられる（条解規則460頁）。

　　オ　過料

　　　(ｱ)　過料の制裁

> 　少額訴訟による審理及び裁判を求めた者が第368条第3項の回数について虚偽の届出をしたときは，裁判所は，決定で，10万円以下の過料に処する。　　　　　　　　　　　　　　　　　　　　　（法381条1項）

　　　(ｲ)　即時抗告

> 　前項の決定に対しては，即時抗告をすることができる。
> 　　　　　　　　　　　　　　　　　　　　　　　　　　（同条2項）

　　　(ｳ)　過料の決定の執行

> 　第189条の規定は，第1項の規定による過料の裁判について準用する。
> 　　　　　　　　　　　　　　　　　　　　　　　　　　（同条3項）

　(2)　少額訴訟による審判を求める申述

> 　少額訴訟による審理及び裁判を求める旨の申述は，訴えの提起の際にしなければならない。　　　　　　　　　　　　　　　　　　　（法368条2項）

　(3)　少額訴訟による審判を求めた回数

> 　前項の申述をするには，当該訴えを提起する簡易裁判所においてその年に少額訴訟による審理及び裁判を求めた回数を届け出なければならない。
>
> (同条3項)

(4)　管轄

　ア　管轄の意義

　　管轄とは，特定の事件についていずれの裁判所が裁判権を行使するかに関する定めである。

　　そのうち，所在地を異にする同種の裁判所の間で，そのいずれに分掌させるかの定めを，**土地管轄**という。

　イ　土地管轄の原則

> 　訴えは，被告の普通裁判籍の所在地を管轄する裁判所の管轄に属する。
>
> (法4条1項)
>
> 　人の普通裁判籍は，住所により，日本国内に住所がないとき又は住所が知れないときは居所により，日本国内に居所がないとき又は居所が知れないときは最後の住所により定まる。　　　(同条2項)
>
> 　法人その他の社団又は財団の普通裁判籍は，その主たる事務所又は営業所により，事務所又は営業所がないときは代表者その他の主たる業務担当者の住所により定まる。　　　(同条4項)

　　土地管轄の原則として，訴えは，被告の普通裁判籍の所在地を管轄する裁判所に提起すべきである。

　ウ　財産権上の訴え等

> 　次の各号に掲げる訴えは，それぞれ当該各号に定める地を管轄する裁判所に提起することができる。
>
> 一　財産権上の訴え　　　義務履行地　　　(法5条1号)
> 　（略）
> 九　不法行為に関する訴え　不法行為があった地　　(同条9号)

(ア)　義務履行地

　　民法は，債務の弁済について，持参債務を原則としている。

> 　弁済をすべき場所について別段の意思表示がないときは，特定物の引渡しは債権発生の時にその物が存在した場所において，その他の弁済は債権者の現在の住所において，それぞれしなければならない。
> 　　　　　　　　　　　　　　　　　　　　　　　　（民法484条1項）

　　したがって，当事者が特に意思表示をしなかった場合は，債権者は自己の住所地において訴えを提起することができる。

(イ)　不法行為があった地

　　不法行為責任に基づく権利義務を目的とする訴えについては，不法行為の行われた地の裁判所に訴えを提起することができる。

【判例③】不法行為地には，行為のなされた地だけでなく，損害の発生した地も含まれると解すべきである。（東京地判昭40・5・27下民集16巻5号923頁，判タ179号147頁）

【判例④】従業員が会社に対して解雇無効および未払給料請求訴訟を提起した場合において，その給料の支払方法について就業規則等に定めがなく，銀行口座振込の方法により従業員が指定した同人の住所地に近い銀行の預金口座に振込送金する方法で支払われていた場合には，給料支払義務の履行地は，会社が送金手続を行う場所ではなく，従業員の住所地であるというべきである。（大阪高決平10・4・30判タ998号259頁）

2　手続の教示

(1)　裁判所書記官による手続の説明書の交付

> 　裁判所書記官は，当事者に対し，少額訴訟における最初にすべき口頭弁論の期日の呼出しの際に，少額訴訟による審理及び裁判の手続の内容を説明した書面を交付しなければならない。　　　　（規則222条1項）

　　少額訴訟手続の円滑な運営のためには，当事者と接触する機会が多く裁判所の対外的窓口の機能を果たしている裁判所書記官の関与が期待されるところであり，手続の教示の面においても，裁判官よりも当事者と接触する機会が多いことから，重要な役割を果たすことになるものと思われる（条解規則457頁）。

(2)　裁判官による期日の冒頭における口頭による説明

> 　裁判官は，前項の期日の冒頭において，当事者に対し，次に掲げる事項を説明しなければならない。
> 一　証拠調べは，即時に取り調べることができる証拠に限りすることができること。
> 二　被告は，訴訟を通常の手続に移行させる旨の申述をすることができるが，被告が最初にすべき口頭弁論の期日において弁論をし，又はその期日が終了した後は，この限りでないこと。
> 三　少額訴訟の終局判決に対しては，判決書又は判決書に代わる調書の送達を受けた日から2週間の不変期間内に，その判決をした裁判所に異議を申し立てることができること。　　　　　　　　（同条2項）

　本条1項の手続の説明書の交付等，裁判所書記官による手続の教示が行われているので，少額訴訟手続が通常の手続と異なる特徴のすべてについてあらためて説明する必要はないと考えられるが，特に当事者の権利義務に対する影響が大きい事項については，裁判官が口頭により確認的に説明する意味があると考えられる（条解規則458頁）。

　なお，本条は，その性格上訓示的な規定であり，本条に規定されたことを怠ったとしても，そのことゆえに，手続が違法になるわけではない（条解規則456頁）。

【説明書の例1】少額訴訟手続についての説明書（原告用）

少額訴訟手続についての説明書（原告用）

少額訴訟は，特別な手続で，通常の手続と比べて，次のような特徴があります。

1　一期日審理の原則

　　裁判所は，あなたや相手方（被告）の言い分を聴いたり，証拠を調べたりして，なるべく1回の期日で審理を終えます。そのため，あなたが，訴状に書いたこと以外に，言いたいことがあれば，指定された口頭弁論期日までに全ての言い分を裁判所に説明できるように準備しておく必要があります。また，あなたが調べてほしい証拠があれば，口頭弁論期日までに全ての証拠を提出できるように準備しておく必要があります。提出方法は裏面をごらんください。

2　証拠調べの制限

　　この手続では，指定された期日に法廷ですぐに調べることができる証拠に限り調べることができます。そのため，あなたの言い分を裏付けると考えられる書類等があれば，口頭弁論期日に書類等そのものを持参する必要があります。また，あなたの言い分を証明してくれると考えられる人がいれば，あなたが，口頭弁論期日にその人を裁判所に連れて来る必要があります。

3　判決による支払の猶予

　　裁判所は，審理の結果，あなたの請求を認める判決をする場合であっても，相手方の経済状況その他の事情を考慮して，特に必要があると判断した相手方に対し，判決の日から3年以内の範囲で，支払期限の猶予をしたり，分割して支払うことを認めたり，さらに，裁判所があなたの訴状を受け付けた日の翌日以降に発生した遅延損害金の免除をしたりすることがあります。

4　判決に対する不服申立方法

　　少額訴訟の判決に対して不服がある場合には，地方裁判所への不服申立て（控訴）はできませんが，あなたが判決書又は判決の内容を記載した調書を受け取った日から2週間以内に，その判決をした簡易裁判所に書面で不服（異議）を申し立てることができます。ただし，判決による支払猶予等の定め（例えば，分割払の条件）については，不服（異議）を申し立てることはできません。また，異議申立ての後に言い渡される少額異議判決に対しては，不服を申し立てることはできません。

5　通常手続への移行

　　相手方から，通常の手続で審理を求める申し出（通常移行の申述）があった場合には，1項から4項までのような特徴のある少額訴訟手続ではなく，通常の訴訟手続で審理されることになります。ただし，①最初の期日に相手方があなたの請求に対して言い分を述べた後，②最初の期日に相手方が言い分を述べなかった場合や相手方が最初の期日に欠席した場合において，その期日が終了した後は，相手方は，通常移行の申述をすることはできなくなります。

（裏面もお読みください。）

　簡易で迅速な少額訴訟手続は，あなたの協力が必要です。訴訟の進行について，次のとおり準備してください。

1　主張及び証拠の提出について

　あなたの言い分（主張）を裏付ける証拠となる書類があるときは，その書類をＡ４判の用紙にコピーして，相手方の数に１を加えた部数を遅くとも口頭弁論期日の１週間前までに提出してください。口頭弁論期日で証拠調べをするためには，事前に相手方に証拠書類のコピーが届いていなければなりません。主張の追加をする場合も口頭弁論期日までに，相手に届いている必要がありますので，相手の数に１を加えた数の書面（準備書面）に署名押印をして提出してください。

2　証人について

　事実関係を聞いてほしい人がいる場合には，口頭弁論期日にその人を裁判所に連れて来てください。連れて来ることができないときは，その人の陳述書を作成して提出してください。

3　その他の証拠について

　少額訴訟手続の証拠調べは，法廷で取り調べられる証拠に限られているので，現場で調べることはできません。現場の状況等の証拠調べが必要であれば，現場の写真を撮影して，そのプリントをＡ４判の用紙に貼って提出してください。

4　口頭弁論期日について

　指定時刻の５分前までに法廷に来てください。指定時刻に遅れますと，あなたに不利な裁判がなされることもありますので，充分に気をつけてください。特に自動車での来庁は控えてください。

　口頭弁論期日には，証拠書類の原本を必ず持参してください。

　通常訴訟に移行した場合でも，口頭弁論期日が変更されることはありません。

　原告の主張や請求金額を被告が全面的に認める場合は，証拠書類，証人等の証拠調べが不要となり，支払方法を定めるために被告の経済状態を調べることになります。

　裁判所が間に入って，話合いによる解決（和解）を勧めることもあります。

　和解が成立しないときは，証拠調べをして，原則として即日判決を言い渡します。

5　司法委員について

　簡易裁判所には，経験，知識が豊富な国民から選任された司法委員が，事件の解決の手助けをしています。双方の言い分に隔たりがある場合であっても，お互いに譲歩して事件を解決することができないか調整します。当事者双方が口頭弁論期日に出頭してきた場合は，裁判官が双方の言い分を整理した後で，司法委員が別室で双方から更に言い分や希望を聞く時間をとりますので，事件解決に向けた方策を検討して来てください。

　ご不明な点がありましたら，担当書記官に事件番号を告げて，電話で問い合わせてください。

【説明書の例２】少額訴訟手続についての説明書（被告用）

少額訴訟手続についての説明書（被告用）

　相手方（原告）からあなたに対して，少額訴訟の申立てがありました。少額訴訟には次に説明する特色があります。５項で説明しているとおり，あなたはこの事件を通常訴訟の審理に移行させる申出をすることができます。次の説明を読んで少額訴訟の特色を充分理解した上で，本件を少額訴訟手続で行うか，通常訴訟手続で行うか，あなたが判断してください。

1　一期日審理の原則
　少額訴訟の場合，裁判所は，あなたや相手方の言い分を聴いたり，証拠を調べたりして，なるべく１回の期日で審理を終えます。そのため，あなたが，答弁書に書いたこと以外に，言いたいことがあれば，指定された口頭弁論期日までに全ての言い分を裁判所に説明できるように準備する必要があります。また，あなたが調べてほしい証拠があれば，口頭弁論期日までに全ての証拠を提出できるように準備する必要があります。証拠の提出方法は裏面をごらんください。

2　証拠調べの制限
　少額訴訟手続では，指定された期日に法廷ですぐに調べることができる証拠に限り調べることができます。そのため，あなたの言い分を裏付けると考えられる書類等があれば，口頭弁論期日に書類等そのものを持参する必要があります。また，あなたの言い分を証明してくれると考えられる人がいれば，あなたが，口頭弁論期日にその人を裁判所に連れて来る必要があります。

3　判決による支払の猶予
　裁判所は，審理の結果，相手方の請求を認める判決をする場合であっても，あなたの経済状況その他の事情を考慮して，特に必要があると判断した場合，あなたに対し，判決の日から３年以内の範囲で，支払期限の猶予をしたり，分割して支払うことを認めたり，さらに，裁判所が訴状を受け付けた日の翌日以降に発生した遅延損害金の免除をしたりすることがあります。

4　判決に対する不服申立方法
　少額訴訟の判決に対して不服がある場合には，地方裁判所への不服申立て（控訴）はできませんが，あなたが判決書又は判決の内容を記載した調書を受け取った日から２週間以内に，その判決をした簡易裁判所に書面で不服（異議）を申し立てることができます。ただし，判決による支払猶予等の定め（例えば，分割払の条件）については，不服（異議）を申し立てることはできません。また，異議申立ての後に言い渡される少額異議判決に対しては，不服を申し立てることはできません。

5　通常手続への移行
　あなたが，通常の手続で審理を求める申し出（通常移行の申述）をすると，上記１項から４項までのような特徴のある少額訴訟手続ではなく，通常の手続で審理されることになります。ただし，①最初の期日にあなたが相手方の請求に対して言い分を述べた後，②最初の期日にあなたが言い分を述べなかった場合やあなたが最初の期日に欠席した場合において，その期日が終了した後は，あなたは，通常移行の申述をすることはできなくなります。

（裏面もお読みください。）

簡易で迅速な少額訴訟手続は，あなたの協力が必要です。訴訟の進行について，<u>次のとおり準備してください。</u>

1　主張及び証拠の提出について

あなたの言い分（主張）を裏付ける証拠となる書類があるときは，その書類をＡ４判の用紙にコピーして，相手方の数に1を加えた部数を遅くとも口頭弁論期日の1週間前までに提出してください。口頭弁論期日で証拠調べをするためには，事前に相手方に証拠書類のコピーが届いていなければなりません。主張の追加をする場合も口頭弁論期日までに，相手に届いている必要がありますので，相手の数に1を加えた数の書面（準備書面）に署名押印をして提出してください。

2　証人について

事実関係を聞いてほしい人がいる場合には，口頭弁論期日にその人を裁判所に連れて来てください。連れて来ることができないときは，その人の陳述書を作成して提出してください。

3　その他の証拠について

少額訴訟手続の証拠調べは，法廷で取り調べられる証拠に限られているので，現場で調べることはできません。現場の状況等の証拠調べが必要であれば，現場の写真を撮影して，そのプリントをＡ４判の用紙に貼って提出してください。

4　口頭弁論期日について

<u>指定時刻の5分前までに法廷に来てください。</u>指定時刻に遅れますと，あなたに不利な裁判がなされることもありますので，充分に気をつけてください。特に自動車での来庁は控えてください。

口頭弁論期日には，<u>証拠書類の原本を必ず持参してください。</u>

通常訴訟に移行した場合でも，口頭弁論期日が変更されることはありません。

原告の主張や請求金額を被告が全面的に認める場合は，証拠書類，証人等の証拠調べが不要となり，支払方法を定めるために被告の経済状態を調べることになります。

裁判所が間に入って，話合いによる解決（和解）を勧めることもあります。

和解が成立しないときは，証拠調べをして，原則として即日判決を言い渡します。

5　司法委員について

簡易裁判所には，経験，知識が豊富な国民から選任された司法委員が，事件の解決の手助けをしています。双方の言い分に隔たりがある場合であっても，お互いに譲歩して事件を解決することができないか調整します。当事者双方が口頭弁論期日に出頭してきた場合は，裁判官が双方の言い分を整理した後で，司法委員が別室で双方から更に言い分や希望を聞く時間をとりますので，事件解決に向けた方策を検討して来てください。

ご不明な点がありましたら，担当書記官に事件番号を告げて，電話で問い合わせてください。

【少額訴訟手続について　Action on Small Claim】

少額訴訟手続について

Action on Small Claim

1　少額訴訟手続は、できるだけ1回の審理で終了しようとするものです。証拠調べでは、本日この場で取り調べることができる証拠に限りすることになります。

An action on small claim aims to complete a trial on the first date of oral argument. The examination of evidence is limited to evidence that can be examined immediately.

2　申立てを受けた方（被告）が、通常の手続で審理されることを希望するのであれば、通常の手続に移ることになります。ただし、審理が開始してからは、通常の手続に移す申立てはできなくなります。

If the defendant wishes the action to be transferred to ordinary proceedings, he/she may state so. However, once the defendant has presented oral arguments on the trial, he/she can no longer request ordinary proceedings.

3　少額訴訟の判決に対しては、2週間以内にこの裁判所に異議の申立てができます。異議後の手続において言い渡された判決に対しては、原則として不服の申立てはできません。

An objection to the final judgment of an action on small claim may be made to this court, within an unextendable period of two weeks. No appeal to the court of second instance may be filed against a final judgment after the objection.

＊本書面の英訳は、当事者が日本語による説明内容を理解するための参考資料です。

The English translation on this notice is just for reference, to help parties understand Japanese explanation.

第2章　訴えの提起

第1　訴えの提起

1　当事者適格

(1)　当事者適格の意義

　　当事者適格とは，個別の訴訟における請求について，当事者として訴訟を追行し，本案判決を求めることのできる資格をいう。**正当な当事者**ともいう。

(2)　給付の訴えにおける当事者適格

　ア　給付の訴えの意義

　　給付の訴えとは，被告が原告に対し一定の給付をすべき旨を命ずる判決（**給付判決**）を求める訴えである。

　　訴えの種類としては，他に**確認の訴え**と**形成の訴え**があるが，少額訴訟は金銭の支払を求める給付の訴えにあたる。

　イ　原告適格

【判例⑤】給付の訴えにおいては，自らがその給付を請求する権利を有すると主張する者に原告適格がある。（最3小判平23・2・15裁判集民236号45頁，判時2110号40頁，判タ1345号129頁）

　ウ　被告適格

【判例⑥】給付の訴えにおいては，その訴えを提起する者が給付義務者であると主張している者に被告適格があり，その者が当該義務を負担するかどうかは本案請求の当否にかかわる事柄である。（最1小判昭61・7・10裁判集民148号269頁，判時1213号83頁，判タ623号77頁）

2　重複する訴えの提起の禁止

> 　裁判所に係属する事件については，当事者は，更に訴えを提起することができない。　　　　　　　　　　　　　　　　　　　　　（法142条）

(1)　重複起訴の意義

　　重複起訴とは，訴訟係属中の事件と同一の事件について，裁判所に訴えを提起することをいう。法142条により重複起訴（**二重訴訟**）は禁止される。

(2)　同一の事件

　　事件が同一であるかどうかは，当事者が同一であることと，訴訟物として
の権利関係が同一であることにより判断される。

3　不適法なことが明らかな訴え

【判例⑦】訴えが不適法であり，裁判制度の趣旨から，当事者のその後の訴訟活
　　　　動によっても訴えを適法とすることが全く期待できない場合には，被告
　　　　に訴状の送達をするまでもなく口頭弁論を経ずに訴えを却下し，右判決
　　　　正本を原告にのみ送達すれば足りる。（最3小判平8・5・28裁判集民
　　　　179号95頁，判時1569号48頁，判タ910号268頁）

4　訴えの提起

(1)　訴え提起の方式

> 　　訴えの提起は，訴状を裁判所に提出してしなければならない。
> 　　　　　　　　　　　　　　　　　　　　　　　　　　（法133条1項）

(2)　口頭による訴えの提起

> 　　訴えは，口頭で提起することができる。　　　　　　（法271条）

　　本条は，法133条1項に対する簡易裁判所の特則である。

　　簡易裁判所の受付においては，定型訴状の用紙を備えるなどして，**準口頭
受理**も行われている。

　　口頭による訴え提起自体は，あまり実例がなくなってきているが，訴訟手
続について詳しくない一般の国民が訴えを提起することを容易にするという
本条の実質は，受付相談と定型訴状の利用に受け継がれているということが
できよう。（コンメ民訴Ⅴ333頁）

　　少額訴訟手続においても，定型訴状の用紙を利用した訴え提起が行われて
いる。（第2編　事件別の定型訴状）

第2　訴状の記載事項

1　訴状の必要的記載事項

　　法133条 2 項は，**訴状の必要的記載事項**を定めている。

> 　　訴状には，次に掲げる事項を記載しなければならない。
> 一　当事者及び法定代理人
> 二　請求の趣旨及び原因　　　　　　　　　　　　　　　（法133条 2 項）

　　訴状の必要的記載事項については，裁判長の訴状審査権（後記43頁）の対象であり，不備があれば，補正命令（法137条 1 項）を経て，訴状は却下される（同条 2 項）。
(1)　請求の趣旨
　ア　請求の趣旨の意義
　　　請求の趣旨とは，訴訟をもって審判を求める請求の表示である。
　　　請求の趣旨は，請求認容の判決の主文に対応する。
　イ　給付の訴えにおける請求の趣旨
　　　「被告は，原告に対し，○○万円を支払え。」との判決を求める。
【判例⑧】訴訟物が金銭債権である場合は必ず金額を特定してその範囲を明確にすることを要する。（最 1 小判昭27・12・25民集 6 巻12号1282頁，判タ27号52頁）
(2)　請求の原因
　ア　請求原因の意義
　　　請求原因（**請求の原因**）とは，原告が訴訟上の請求として主張する権利又は法律関係の発生原因をなす事実をいう。
　イ　法133条 2 項の請求原因
　　　請求を特定するのに必要な事実（特定のための請求原因）をいう。
　ウ　請求原因の記載の程度
　　　訴状の必要的記載事項としての請求原因の記載の程度については，請求の趣旨の記載と合わせて他の訴訟物と識別することができる程度に請求を特定することを要するとする**識別説**と，請求を理由づけるのに必要な事実の記載を要するとする**理由記載説**があったが，実務（及び規則53条 1 項）においては識別説がとられている。

2　訴状の実質的記載事項

　　規則53条は，**訴状の実質的記載事項**（ 1 項），事実主張の記載の仕方（ 2 項），攻撃防御方法を記載した部分が準備書面を兼ねること（ 3 項），原告等の郵便

番号及び電話番号を記載すること（4項）を定めている。
(1)　訴状の実質的記載事項（規則53条1項の記載事項）

> 　訴状には，請求の趣旨及び請求の原因（請求を特定するのに必要な事実をいう。）を記載するほか，請求を理由づける事実を具体的に記載し，かつ，立証を要する事由ごとに，当該事実に関連する事実で重要なもの及び証拠を記載しなければならない。　　　　　　　（規則53条1項）

　ア　請求を特定するのに必要な事実と請求を理由づける事実
　　訴状には，請求を特定するのに必要な事実（**特定のための請求原因**，法133条2項）を記載するほか，請求を理由づける事実（**理由付け請求原因**，規則53条1項）を記載しなければならない。
　イ　請求を理由づける事実
　　請求を理由づける事実とは，訴訟物たる権利関係の主張を基礎づけるのに必要な事実であり，原告が主張責任を負う事実である。
　　訴状に，請求を理由づける事実を記載することにより，被告が口頭弁論期日に欠席した場合に擬制自白（法159条1項，3項，後記52頁）が成立し，請求認容判決が可能となる。
(2)　主要事実と間接事実の記載上の区別

> 　訴状に事実についての主張を記載するには，できる限り，請求を理由づける事実についての主張と当該事実に関連する事実についての主張とを区別して記載しなければならない。　　　　　　　（同条2項）

　ア　主要事実
　　主要事実とは，権利の発生，変更，消滅といった法律効果を発生させる要件に該当する具体的な事実をいう。
　　例えば，売買代金請求訴訟では，売買契約の締結という主要事実（民法555条）が，売買代金請求権という法律効果を発生させる。
　イ　間接事実
　　間接事実とは，主要事実の存否を推認するのに役立つ事実をいう。
　　主要事実を証拠によって直接認定することが困難又は不可能であるときに，経験則を適用することにより主要事実を推認させるものである。
　　例えば，売買代金請求訴訟では，（売買契約の時以降）被告が目的物を

所持していた事実が，売買契約の締結という主要事実を推認させる間接事実となる。

　ウ　間接事実についての自白

　　間接事実についての自白は，裁判所及び当事者を拘束しない。

【判例⑨】間接事実についての自白は，裁判所を拘束しないのはもちろん，自白した当事者を拘束するものでもない。（最1小判昭41・9・22民集20巻7号1392頁，判時464号29頁，判タ198号129頁）

(3)　訴状が準備書面を兼ねること

> 攻撃又は防御の方法を記載した訴状は，準備書面を兼ねるものとする。　　　　　　　　　　　　　　　　　　　　　　　　　　（同条3項）

　準備書面とは，口頭弁論に先立って，口頭弁論における陳述の内容を相手方及び裁判所に予告するための書面をいう。

(4)　郵便番号及び電話番号の訴状への記載

> 訴状には，第1項に規定する事項のほか，原告又はその代理人の郵便番号及び電話番号（ファクシミリの番号を含む。）を記載しなければならない。　　　　　　　　　　　　　　　　　　　　　　　（同条4項）

3　訴えの提起において明らかにすべき事項

> 訴えの提起においては，請求の原因に代えて，紛争の要点を明らかにすれば足りる。　　　　　　　　　　　　　　　　　　　　　　　（法272条）

　本条は，訴えの提起時における，法133条2項（訴状の必要的記載事項，前記39頁）に対する簡易裁判所の特則である。

(1)　訴状における紛争の要点

　　訴状には，請求の趣旨及び原因を記載しなければならない（法133条2項）が，簡易裁判所における訴えの提起においては，請求の原因に代えて，紛争の要点を明らかにすれば足りる。訴訟物の特定の方式及び時期についての特則である。

(2)　紛争の要点

　　紛争の要点とは，どういう経緯で誰と誰との間にどのような内容の紛争が生じているのかという実情である。

(3)　請求を特定すべき時期

　　法272条は，訴えの提起時における簡易裁判所の特則である。

　　紛争の要点を明らかにすることにより請求も特定される場合はよいが，紛争の要点のみでは請求が特定されない場合には，原告は，訴え提起後できる限り早期に請求を特定する必要があり（補充準備書面の事前提出，後記60頁），口頭弁論終結時においてもなお請求が特定されないときには，訴え却下の判決がなされることになる。

	訴えの提起時 （訴状の記載事項）	口頭弁論終結時
民事訴訟	請求の趣旨及び原因 （法133条2項）	同
簡易裁判所の特則	請求の趣旨及び紛争の要点（法272条）	請求の趣旨及び特定のための請求原因

　　訴状において，請求を特定するのに必要な事実（特定のための請求原因）の記載が充分でない場合には，補充準備書面等を提出することになる（後記60頁）。

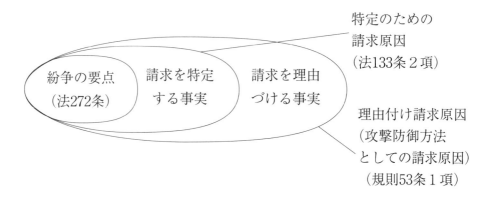

(4)　主張自体失当

　　主張自体失当とは，請求原因や抗弁等の主張が，実体法規に照らして主張自体において理由がないため，立証に入るまでもなく失当である場合をいう。

4　訴状の添付書類

> 　前項に規定するほか，訴状には，立証を要する事由につき，証拠となる
> べき文書の写しで重要なものを添付しなければならない。（規則55条2項）

5　裁判長の訴状審査権
(1)　訴状の補正の促し

> 　裁判長は，訴状の記載について必要な補正を促す場合には，裁判所書
> 記官に命じて行わせることができる。　　　　　　　　　（規則56条）

　本条による補正の促しは，当事者の任意の補正を促すものであるから，法
133条2項に規定する訴状の必要的記載事項について本条による補正の促し
が行われた場合において，当事者がその補正に応じないときにも，そのこと
のみをもって訴状が却下されるものではなく，改めて裁判長名による「補正
命令」を発する必要がある（条解規則125頁）。

(2)　補正命令

　原告が訴状の必要的記載事項等について補正の促しに応じないため，訴状
が不適式である場合には，裁判長は，補正命令を発する。

　原告は，補正命令に対しては，通常抗告（東京高決昭40・6・5）も即時
抗告（東京高決昭30・9・20）もできないとするのが裁判例である。

> 　訴状が第133条第2項の規定に違反する場合には，裁判長は，相当の
> 期間を定め，その期間内に不備を補正すべきことを命じなければならな
> い。民事訴訟費用等に関する法律の規定に従い訴えの提起の手数料を納
> 付しない場合も，同様とする。　　　　　　　　　　　（法137条1項）

【判例⑩】10日間の補正期間内に被告の住所を補正しなかったとしてした訴状却
　　　下命令が，補正期間が短きに失するとして，違法として取り消された事
　　　例。（大阪高判昭55・12・23判タ443号87頁）

(3)　訴状却下命令

> 　前項の場合において，原告が不備を補正しないときは，裁判長は，命令で，訴状を却下しなければならない。　　　　　　　　　　（同条2項）

【判例⑪】補正命令を出さずにいきなりする訴状却下命令は違法である。（最3小判昭45・12・15民集24巻13号2072頁，判時617号85頁，判タ257号132頁）

(4)　即時抗告

> 　前項の命令に対しては，即時抗告をすることができる。　（同条3項）

　訴状却下命令に対しては，被告には不服申立ての利益はないとするのが通説である。

第3　送達

1　送達
(1)　送達の意義

　送達とは，当事者その他の訴訟関係人に対し，訴訟上の書類を法定の方式により送り届けることである。

(2)　職権送達の原則

> 　送達は，特別の定めがある場合を除き，職権である。　（法98条1項）

(3)　送達事務の取扱者

> 　送達に関する事務は，裁判所書記官が取り扱う。　　　　（同条2項）

(4)　送達実施機関

> 　送達は，特別の定めがある場合を除き，郵便又は執行官によってする。
> 　　　　　　　　　　　　　　　　　　　　　　　　　　（法99条1項）
> 　郵便による送達にあっては，郵便の業務に従事する者を送達をする者とする。　　　　　　　　　　　　　　　　　　　　　　　（同条2項）

(5)　送達を要する書類

　　送達を要する書類としては，訴状，訴えの変更申立書，期日呼出状，判決書又はこれに代わる調書等がある。

(6)　訴状の送達

> 　訴状は，被告に送達しなければならない。　　　　　（法138条1項）
> 　前条の規定は，訴状の送達をすることができない場合（訴状の送達に必要な費用を予納しない場合を含む。）について準用する。（同条2項）

【判例⑫】書類受領の能力のない者に対し訴状が送達された場合であっても，その訴状を受領する能力のある者が第1回口頭弁論期日に出頭し，異議なく弁論をしたときは，責問権を失うものと解すべきである。（最1小判昭28・12・24裁判集民11号595頁，判タ37号48頁）

2　送達場所

(1)　基本的な送達場所

　　送達名宛人に対してする送達は，原則として送達名宛人の住所，居所，営業所又は事務所においてしなければならない。

> 　送達は，送達を受けるべき者の住所，居所，営業所又は事務所においてする。ただし，法定代理人に対する送達は，本人の営業所又は事務所においてもすることができる。　　　　　　　　　　（法103条1項）

【判例⑬】郵便私書箱は，その使用者の郵便物受領の便宜のために設置された設備であって，使用者の住所，居所，営業所，事務所その他法定の送達場所に該当しない。（東京高判昭35・5・16下民集11巻5号1074頁，判時230号17頁，判タ105号52頁）

【判例⑭】債権差押え及び転付命令は特別送達郵便物として名宛人である銀行支店の受付係に交付されたとき送達の効力を生じ，その後に本店に転送されても右送達の効力に影響を及ぼさないとされた事例。（最3小判昭54・1・30裁判集民126号51頁，判時919号57頁，判タ395号58頁）

(2)　送達不奏功の場合

　　被告に対する訴状副本，期日呼出状の送達が不奏功の場合には，就業場所送達，休日送達，書留郵便に付する送達等を試みることになる。

3　就業場所送達

(1)　就業場所送達の意義

　　就業場所送達は，送達を受けるべき者の就業場所において行う送達である。

(2)　就業場所送達の要件

> 　前項に定める場所が知れないとき，又はその場所において送達をするのに支障があるときは，送達は，送達を受けるべき者が雇用，委任その他の法律上の行為に基づき就業する他人の住所等（以下「就業場所」という。）においてすることができる。送達を受けるべき者が就業場所において送達を受ける旨の申述をしたときも，同様とする。（同条2項）

　　送達を受けるべき者の住所，居所等が不明であるとき，又は住所，居所等に宛てて送達をしたが，受取人不在等のため留置期間経過の理由で送達不能となった場合，就業場所に宛てて送達を行うことができる。

　　実務の運用としては，原則として，住所等における送達を1回試みたが，送達が功を奏しなかった場合に，就業場所送達が行われている。

【判例⑮】2項所定の送達を受けるべき者の就業する場所とは，受送達者が現実に業務についている場所をいい，名目上の取締役に対し，就業場所として会社事務所でされた補充送達は，その効力を生じない。（最3小判昭60・9・17裁判集民145号417頁，判時1173号59頁，判タ571号67頁）

4　送達場所の届出

(1)　**送達場所の届出**

　　当事者等は，訴訟書類を受領するのに都合がよく，送達をすることができる蓋然性の高い場所を，送達場所として受訴裁判所に届け出る義務を負う。

> 　当事者，法定代理人又は訴訟代理人は，送達を受けるべき場所（日本国内に限る。）を受訴裁判所に届け出なければならない。この場合においては，送達受取人をも届け出ることができる。　　　　　（法104条1項）

(2)　送達場所の届出をした場合

　　当事者等が送達場所の届出をした場合，送達はその届出にかかる場所で実施する。

> 前項前段の規定による届出があった場合には，送達は，前条の規定にかかわらず，その届出に係る場所においてする。 （同条2項）

(3) 送達場所の届出をしない場合

当事者等が送達場所の届出（法104条1項）をしない場合，最初の送達は，住所地等（法103条1項）又は就業場所（同条2項）において実施することになる。

5 休日送達

郵便によってする送達の場合，配達指定日を定めることができるため，送達実施機関が郵便業務従事者（法99条2項）である場合には，日曜日やその他一般の休日を配達指定日として定めて休日に送達を試みることができる。

このような送達方法を，実務では**休日送達**と呼んでいる。

6 書留郵便に付する送達
(1) 書留郵便に付する送達の意義

書留郵便に付する送達（付郵便送達）は，裁判所書記官が，送達書類を書留郵便に付して受送達者の住所などの法が規定する宛先に宛てて発送する方法によって行う送達である。

> 前条の規定により送達をすることができない場合には，裁判所書記官は，次の各号に掲げる区分に応じ，それぞれ当該各号に定める場所にあてて，書類を書留郵便又は民間事業者による信書の送達に関する法律第2条第6項に規定する一般信書便事業者若しくは同条第9項に規定する特定信書便事業者の提供する同条第2項に規定する信書便の役務のうち書留郵便に準ずるものとして最高裁判所規則で定めるものに付して発送することができる。
> 一　第103条の規定による
>   送達をすべき場合　　　　同条第1項に定める場所
> 二　第104条第2項の規定
>   による送達をすべき場合　同項の場所

三　第104条第3項の規定 　による送達をすべき場合	同項の場所（その場所が就業場所である 場合にあっては，訴訟記録に表れたその 者の住所等） 　　　　　　　　　　　　　　　（法107条1項）

【判例⑯】受訴裁判所の裁判所書記官が，原告に対し被告の就業場所等につき照
　　　　会し，就業場所が不明である旨の回答を得，その回答内容等に格別疑問
　　　　を抱かせるべき事情が認められないなどの事実関係の下では，本条によ
　　　　る送達は適法である。（最1小判平10・9・10裁判集民189号703頁，判
　　　　時1661号81頁，判タ990号138頁）

【判例⑰】郵便による特別送達の方法を2回試みたが，いずれも受取人不在を理
　　　　由に不奏功に終わった場合でも，送達事務取扱者としては，相手方当事
　　　　者に対して，受送達者が真に不在であるか否か，またその就業場所はど
　　　　こか等の調査を促すべきであり，そのような処置をとらずに直ちに郵便
　　　　に付する送達をしたのは違法である。（東京高判平4・2・10判タ787号
　　　　262頁）

(2)　2回目以降の付郵便送達

> 　前項第2号又は第3号の規定により書類を書留郵便等に付して発送
> した場合には，その後に送達すべき書類は，同項第2号又は第3号に定
> める場所にあてて，書留郵便等に付して発送することができる。
> 　　　　　　　　　　　　　　　　　　　　　　　　　　　　（同条2項）

(3)　書留郵便に付する送達の完了時

> 　前2項の規定により書類を書留郵便等に付して発送した場合には，そ
> の発送の時に，送達があったものとみなす。　　　　　　　（同条3項）

　送達名宛人にその書類が実際に到達したか否かは，送達の効力に関係がな
い（大判昭10・9・6民集14巻1523頁）。

(4)　書留郵便に付する送達の通知

> 　法第107条（書留郵便に付する送達）第1項又は第2項の規定による書留郵便に付する送達をしたときは，裁判所書記官は，その旨及び当該書類について書留郵便に付して発送した時に送達があったものとみなされることを送達を受けた者に通知しなければならない。（規則44条）

7　公示送達

(1)　公示送達の意義

　公示送達は，裁判所書記官が送達書類を保管し，いつでも受送達者に交付する旨を裁判所の掲示場に掲示して行う送達である。

> 　公示送達は，裁判所書記官が送達すべき書類を保管し，いつでも送達を受けるべき者に交付すべき旨を裁判所の掲示場に掲示してする。
>
> （法111条）

　ただし，少額訴訟において，公示送達によらなければ期日呼出状の送達をすることができない場合には，裁判所は，職権により訴訟を通常の手続に移行させなければならない（後記85頁）。

(2)　公示送達の要件

> 　次に掲げる場合には，裁判所書記官は，申立てにより，公示送達をすることができる。
> 一　当事者の住所，居所その他送達をすべき場所が知れない場合
> 二　第107条第1項の規定により送達をすることができない場合
> 　（以下略）　　　　　　　　　　　　　　　　　　　（法110条1項）

　会社などの法人の営業所又は事務所がない場合でも，代表者の送達場所に送達することができるから，公示送達によることは許されない。

(3)　職権による場合

> 　前項の場合において，裁判所は，訴訟の遅滞を避けるため必要があると認めるときは，申立てがないときであっても，裁判所書記官に公示送達をすべきことを命ずることができる。　　　　　（同条2項）

　　公示送達は，原則として申立てによってするが，一定の場合に例外として，職権により公示送達をすることができる。

(4)　２回目以降の公示送達

> 　同一の当事者に対する２回目以降の公示送達は，職権でする。ただし，第１項第４号に掲げる場合は，この限りでない。　　　　（同条３項）

(5)　公示送達の効力発生の時期

> 　公示送達は，前条の規定による掲示を始めた日から２週間を経過することによって，その効力を生ずる。ただし，第110条第３項の公示送達は，掲示を始めた日の翌日にその効力を生ずる。　　　（法112条１項）

　この期間の計算については，初日を算入しない（法95条１項，民法140条）。

> 　前２項の期間は，短縮することができない。　　　　　　　（同条３項）

第4　被告の訴訟行為

1　答弁書
(1)　答弁書の意義
　　答弁書とは，被告が最初に提出する準備書面で，請求の趣旨に対する答弁等を記載したものである。
(2)　答弁書の記載事項

> 　答弁書には，請求の趣旨に対する答弁を記載するほか，訴状に記載された事実に対する認否及び抗弁事実を具体的に記載し，かつ，立証を要する事由ごとに，当該事実に関連する事実で重要なもの及び証拠を記載しなければならない。やむを得ない事由によりこれらを記載することができない場合には，答弁書の提出後速やかに，これらを記載した準備書面を提出しなければならない。　　　　　　　　　　　　（規則80条１項）

　ア　請求の趣旨に対する答弁

請求の趣旨に対する答弁とは，原告の請求に対する被告の応答である。
イ 答弁の記載
　(ア) 請求に理由がないとして，請求の棄却を求める場合
　　「原告の請求を棄却する。」
　(イ) 訴訟要件が欠けているとして，訴えの却下を求める場合
　　「原告の訴えを却下する。」
ウ 訴状に記載された事実に対する認否
　(ア) 訴状に記載された事実
　　訴状に記載された事実とは，請求を理由づける事実（前記40頁）と当該事実に関連する事実で重要なものである。
　(イ) 認否の記載
　　認否は，「認める。」「不知（知らない。）」「否認する。」と記載する。
(3) 抗弁事実
ア 抗弁
　抗弁とは，請求原因から発生する法律効果を排斥するために，被告が立証責任を負う事実の主張である。
イ 抗弁事実
　抗弁事実とは，原告の請求を理由づける事実と両立する事実で，原告の請求権の発生を阻止し又はこれを消滅させる法律要件に該当する具体的事実である。
(4) 答弁書の添付書類

　答弁書には，立証を要する事由につき，重要な書証の写しを添付しなければならない。やむを得ない事由により添付することができない場合には，答弁書の提出後速やかに，これを提出しなければならない。
（規則80条2項）

---

(5) 自白
ア 自白の意義
　裁判上の自白とは，当事者が口頭弁論期日等において，相手方の主張する自己に不利な事実を認める陳述をいう。
　自己に不利な事実とは，相手方が証明責任を負う事実である。
イ 自白の擬制
　(ア) 自白の擬制

> 　当事者が口頭弁論において相手方の主張した事実を争うことを明らかにしない場合には，その事実を自白したものとみなす。ただし，弁論の全趣旨により，その事実を争ったものと認めるべきときは，この限りでない。　　　　　　　　　　（法159条1項）

　当事者が口頭弁論で相手方の主張した事実を争うことを明らかにしないため当該事実を自白したものとみなすことを，**自白の擬制（擬制自白）**という。

　弁論の全趣旨とは，証拠調べの結果である証拠資料以外の，その訴訟の審理にあらわれた一切の訴訟資料をいう。

　被告が原告の請求の棄却を求めただけでは，事実を争ったことにはならない。

(イ)　不知の陳述

> 　相手方の主張した事実を知らない旨の陳述をした者は，その事実を争ったものと推定する。　　　　　　　　　　（同条2項）

(ウ)　当事者欠席の場合

> 　第1項の規定は，当事者が口頭弁論の期日に出頭しない場合について準用する。ただし，その当事者が公示送達による呼出しを受けたものであるときは，この限りでない。　　　　　　　　　　（同条3項）

　当事者が口頭弁論期日に欠席したときは，訴状に記載された事実を争う旨の答弁書を提出している場合を除いて，出頭して争わなかった場合と同様に自白したものとみなされる。

(6)　証明することを要しない事実

> 　裁判所において当事者が自白した事実及び顕著な事実は，証明することを要しない。　　　　　　　　　　（法179条）

ア　裁判上の自白

　裁判上自白された事実及び顕著な事実は，証拠による認定を経ることな

くそのまま，裁判の基礎となしうる。

イ　顕著な事実

　　顕著な事実とは，裁判官が明確に知得し，かつ証拠による認定がなくても合理的判断であるとして疑念をもたれない程度に客観性を担保されていることが明らかな事実をいう。

　　顕著な事実には，公知の事実と職務上知り得た事実（職務上顕著な事実）がある。

(ア)　公知の事実

　　公知の事実とは，通常の知識と経験を有する一般人が信じて疑わない程度に知れわたっている事実をいう。

　　例としては，歴史上有名な事件，天災地変，大事故の時期や内容等がある。

(イ)　職務上知り得た事実

　　職務上知り得た事実とは，裁判所がその職務を遂行するにあたって，又はこれと関連して知ることができた事実であって，明確な記憶をもつものをいう。

　　例としては，自己が構成員としてなした裁判所の判決内容，裁判所で公告された後見開始の審判，官報公告に掲載された破産手続開始の決定等がある。

2　反訴の禁止

> 少額訴訟においては，反訴を提起することができない。　　（法369条）

(1)　反訴の意義

　　反訴とは，係属する訴訟の手続内で原告を相手方として被告から提起される訴えである。

(2)　反訴の禁止

　　少額訴訟において反訴が禁止されるのは，反訴が提起されると事件が複雑化するおそれがあり，1回の口頭弁論期日で審理を完了する（法370条1項，後記61頁）という少額訴訟の迅速の理念とは相容れないためである。

(3)　反訴が提起された場合

　　反訴が通常手続による訴え提起の要件を具備している場合には，不適法却下することなく，別訴として扱う。

事件を併合審理すべき場合には，反訴が提起された段階で少額訴訟を通常手続に移行させて（法373条3項4号の類推，後記85頁），通常手続で併合審理する。

3　相殺の抗弁

法は，反訴のみを禁じており，相殺の抗弁については特別の定めを設けていないので，少額訴訟において相殺の抗弁を主張することは許される。

第5　訴えの変更等

1　訴えの変更

> 原告は，請求の基礎に変更がない限り，口頭弁論の終結に至るまで，請求又は請求の原因を変更することができる。ただし，これにより著しく訴訟手続を遅滞させることとなるときは，この限りでない。（法143条1項）

(1)　訴えの変更
　ア　訴えの変更の意義
　　　訴えの変更とは，訴訟係属中に，請求の内容を変更する原告の申立てである。
　イ　少額訴訟における訴えの変更
　　(ア)　訴えの変更の可否
　　　少額訴訟手続において，法143条（訴えの変更）の適用は除外されていないので，訴えの変更をすることは許される。
　　(イ)　訴額が60万円を超える場合
　　　少額訴訟が60万円以下の金銭の支払の請求を目的とする訴えを対象とするものである（法368条1項）以上，訴額が60万円を超えることになる訴えの変更は許されない。
　　　また，訴額が60万円を超えない場合でも，少額訴訟手続の迅速の理念と相容れない訴えの変更については，職権による通常移行決定（法373条3項，後記85頁）をすることになるであろう。
(2)　訴えの変更の類型
　　訴えの変更には追加的変更と交換的変更があるとするのが，通説である。
　ア　追加的変更

　　　　追加的変更とは，従来の請求に，新たな請求を加えることである。
　　イ　交換的変更
　　　　交換的変更とは，従来の請求に代えて，新たな請求を申し立てることである。
　(3)　訴えの変更の要件
　　ア　請求の基礎に変更がないこと
　　　(ア)　請求の基礎の意義
　　　　　請求の基礎とは，訴訟物として法律的に構成する以前の前法律的な利益紛争関係である。
【判例⑱】同一の金銭の支払を求める訴えにおいて，貸金債権の主張を求償債権の主張に変えることは，請求の基礎に変更がない訴えの変更に当たる。
　　　　（最1小判昭32・2・28民集11巻2号374頁，判時107号7頁，判タ70号58頁）
　　　　　判例・通説は，請求の基礎に変更があっても，被告の明示又は暗黙の同意があれば，訴えの変更を認めてよいとする。
　　　(イ)　請求の基礎の変更と被告の態度
【判例⑲】控訴審における請求の拡張は，たとえ請求の基礎に変更があっても相手方が異議なく応訴した場合には，これを許すべきである。（最3小判昭29・6・8民集8巻6号1037頁，判タ42号24頁）
　　　(ウ)　当事者の変更
　　　　　当事者の変更は，訴えの変更にあたらない。
【判例⑳】民訴法143条は当事者の変更には適用されない。（東京高判昭59・8・16東高民時報35巻8〜9号150頁，判時1152号140頁，判タ541号153頁）
　　イ　著しく訴訟手続を遅延させないこと
　　　　従前の訴訟資料や証拠資料が新請求の審理のために全く利用できず旧請求の審理が終結に近い場合などが，著しく手続を遅延させる場合に当たる。
　　　　判例・通説は，この要件に抵触する場合には，被告の同意があっても，訴えの変更は許されないとする。
【判例㉑】相手方の陳述した事実に基づいて訴えを変更する場合でも，これがため著しく訴訟手続を遅滞させる場合には，訴えの変更は許されない。（最1小判昭42・10・12裁判集民88号681頁，判時500号30頁，判タ214号145頁）
　　ウ　事実審の口頭弁論終結前であること
　(4)　訴えの変更の手続

ア　訴えの変更の方式

(ア)　書面による訴えの変更

> 請求の変更は，書面でしなければならない。　　（法143条2項）

　　訴えの変更が書面でしなければならないとされるのは，新請求を持ち出す点で訴えの提起（法133条1項）に準ずるからである。

【判例㉒】訴えの変更についての書面の提出又は送達の欠缺は，責問権の喪失によって治癒される。（最3小判昭31・6・19民集10巻6号665頁）

(イ)　口頭による訴えの変更

　　簡易裁判所においては，訴えを口頭で提起することができることになっているが（法271条），定型訴状の用紙を利用する等して書面による訴えの提起がなされているのが実際である（前記38頁）。

　　訴えの変更についても，簡易裁判所においては口頭ですることができるが，相手方に送達することになるので，訴えの提起の場合と同様に，定型訴状の用紙を利用する等して書面でなされることが望ましい。

イ　相手方への送達

> 前項の書面は，相手方に送達しなければならない。　　（同条3項）

ウ　不許の裁判

> 裁判所は，請求又は請求の原因の変更を不当であると認めるときは，申立てにより又は職権で，その変更を許さない旨の決定をしなければならない。　　　　　　　　　　　　　　　　　　　（同条4項）

【判例㉓】訴えの変更を許さない旨の決定は，終局判決の理由中でしてもよい。（最3小判昭43・10・15裁判集民92号545頁，判時541号35頁）

2　弁論の併合

(1)　弁論の併合の意義

　　弁論の併合とは，別々に係属している数個の請求を1つの訴訟手続で審理することをいう。

> 　裁判所は，口頭弁論の制限，分離若しくは併合を命じ，又はその命令を取り消すことができる。　　　　　　　　　　　（法152条1項）

(2)　弁論の併合の態様

　弁論の併合は，同一の当事者間に別々に係属した数個の訴訟（訴えの客観的併合）について行われる場合と，異なる当事者間にある数個の訴訟（共同訴訟）について行われる場合がある。

(3)　少額訴訟における弁論の併合

　少額訴訟手続において，法152条（弁論の併合）の適用は除外されていないので，関連事件について弁論を併合することは許される。

(4)　弁論の併合の要件

　ア　弁論の併合の要件

　　弁論を併合するためには，同一の審級であり，かつ同種の訴訟手続であることを要する。

　　弁論の併合も請求の併合の一般的要件を満たす必要があり，同種の訴訟手続によらない場合は，併合することができない。

> 　数個の請求は，同種の訴訟手続による場合に限り，一の訴えですることができる。　　　　　　　　　　　　　　　　　（法136条）

　イ　少額訴訟における要件

　　少額訴訟手続における弁論の併合では，通常の弁論の併合の要件（双方の事件が同種の訴訟手続である少額訴訟であること等）に加えて，少額訴訟が60万円以下の金銭の支払の請求を目的とする訴えを対象とするものである（法368条1項）ことから，併合後の訴額が60万円を超えないことが必要である。

　　ただし，上記の要件を満たしていても，少額訴訟手続の迅速の理念と相容れない場合には，弁論の併合は相当ではない。その場合は別々の手続で審理をするか，職権による通常移行決定（法373条3項，後記85頁）をしたうえで弁論の併合をすべきであろう。

3　補助参加

(1)　補助参加の意義

　　補助参加とは，他人間に係属中の訴訟の結果について利害関係を有する第三者が，当事者の一方を勝訴させることによって自己の利益を守るために訴訟に参加することである。

> 　　訴訟の結果について利害関係を有する第三者は，当事者の一方を補助するため，その訴訟に参加することができる。　　　　　　　　（法42条）

(2)　少額訴訟における補助参加

　　少額訴訟手続においても，第三者の補助参加は許される。例としては，交通事故による損害賠償請求訴訟において，保険会社から補助参加の申出がなされることがある。

　　ただし，少額訴訟手続における一期日審理（後記61頁）の実現に支障があるような場合には，職権で通常の手続に移行させることも考えられる。

　　また，当事者（被参加人）が口頭弁論期日に欠席して補助参加人のみが訴訟行為を行う場合は，実質的な訴訟代理人として機能することになるので相当ではなく，補助参加人が当事者とともに出席することが，少額訴訟における補助参加の前提とされるべきである。

(3)　補助参加の要件

　　ア　他人間の訴訟

　　イ　訴訟の結果について利害関係を有すること

(4)　参加手続

　　ア　補助参加の申出

> 　　補助参加の申出は，参加の趣旨及び理由を明らかにして，補助参加により訴訟行為をすべき裁判所にしなければならない。（法43条1項）
> 　　補助参加の申出は，補助参加人としてすることができる訴訟行為とともにすることができる。　　　　　　　　　　　　　　　（同条2項）

　　イ　補助参加についての異議等

> 　当事者が補助参加について異議を述べたときは，裁判所は，補助参加の許否について，決定で，裁判をする。この場合においては，補助参加人は，参加の理由を疎明しなければならない。　（法44条1項）
> 　前項の異議は，当事者がこれを述べないで弁論をし，又は弁論準備手続において申述をした後は，述べることができない。（同条2項）
> 　第1項の裁判に対しては，即時抗告をすることができる。
> （同条3項）

(5)　補助参加人の訴訟行為

　ア　補助参加人の訴訟行為

> 　補助参加人は，訴訟について，攻撃又は防御の方法の提出，異議の申立て，上訴の提起，再審の訴えの提起その他一切の訴訟行為をすることができる。ただし，補助参加の時における訴訟の程度に従いすることができないものは，この限りでない。　（法45条1項）

　イ　参加人の訴訟行為の制限

> 　補助参加人の訴訟行為は，被参加人の訴訟行為と抵触するときは，その効力を有しない。　（同条2項）

(6)　補助参加人に対する裁判の効力

> 　補助参加に係る訴訟の裁判は，次に掲げる場合を除き，補助参加人に対してもその効力を有する。
> 一　前条第1項ただし書の規定により補助参加人が訴訟行為をすることができなかったとき。
> 二　前条第2項の規定により補助参加人の訴訟行為が効力を有しなかったとき。
> 三　被参加人が補助参加人の訴訟行為を妨げたとき。
> 四　被参加人が補助参加人のすることができない訴訟行為を故意又は過失によってしなかったとき。　（法46条）

　　補助参加訴訟で下された裁判は，一定の制限の下に補助参加人に対しても効力を生じる。

　　この裁判の効力は，既判力とは異質の補助参加訴訟に特殊な効力（**参加的効力**）であると解するのが通説である。

第6　事前準備

1　最初の口頭弁論期日前における参考事項の聴取

> 　　裁判長は，最初にすべき口頭弁論の期日前に，当事者から，訴訟の進行に関する意見その他訴訟の進行について参考とすべき事項の聴取をすることができる。　　　　　　　　　　　　　　　　　　　　（規則61条1項）

　　本条は，第1回口頭弁論期日前における参考事項の聴取につき明文の根拠を与えるとともに，これにより，第1回口頭弁論期日における事件の振り分け等の審理の実質化を図ることができることとしたものである（条解規則134頁）。

2　裁判所書記官による聴取

> 　　裁判長は，前項の聴取をする場合には，裁判所書記官に命じて行わせることができる。　　　　　　　　　　　　　　　　　　　　　　　（同条2項）

　　第1回口頭弁論期日前の参考事項の聴取については，裁判官が行うよりも，当事者と接触する機会が多く，いわば裁判所の対外的窓口の機能を果たしている裁判所書記官に行わせる方が，より有益な聴取が可能になると考えられる（条解規則134頁）。

3　補充準備書面の事前提出

　　訴状において，特定のための請求原因（前記40頁）の記載が充分でない場合には，裁判所から記載の補充を求められることがある。

　　原告は，訴状提出後，裁判所から補充を求められた事項について補充書面を提出する。

第3章　少額訴訟の審理

第1　少額訴訟の審理

1　審理の特徴

　少額訴訟の審理においては，一期日審理の原則（法370条1項），証拠調べの制限（法371条，後記68頁），証人の宣誓の省略（法372条1項，後記70頁）等の特徴がみられる。

2　口頭弁論

(1)　一期日審理の原則

ア　一期日審理の原則の内容

> 　少額訴訟においては，特別の事情がある場合を除き，最初にすべき口頭弁論の期日において，審理を完了しなければならない。
>
> （法370条1項）

　少額訴訟手続では，一期日審理が（特別の事情がある場合を除いて）原則である。裁判所は，第1に，1回の口頭弁論で審理を終え，第2に，相当でないと認める場合を除き弁論終結後直ちに判決の言渡しをする（法374条1項，後記88頁）。第1と第2を合わせて**一期日審理の原則**という。

　当事者は，審理期日に1回裁判所に出頭すれば，当該事件について，審理及び判決を終えて帰れることになる。

　一期日審理を実現するために，期日外釈明や書記官による参考事情の聴取（規則61条，前記60頁）が行われている。

イ　一体型審理

　通常の民事訴訟の審理では，主張と立証を明確に区別し，弁論で当事者の主張を明確にした後に証拠調べが行われる。

　少額訴訟では，一期日審理を実現するために，弁論と証拠調べ（当事者尋問）を明確に区分しないで，裁判所が当事者から事実を聴取して弁論事項と証拠資料を適宜拾い上げる，**一体型審理**（主張と立証の一体型審理）が行われることもある。

ウ　訴訟の進行

　(ア)　訴訟指揮権

　　a　訴訟指揮権

> 口頭弁論は，裁判長が指揮する。　　　　　　　　（法148条1項）

　(a)　訴訟指揮権の意義

　　訴訟指揮権とは，民事訴訟手続を適法かつ効率的に進行させるために，裁判所又は裁判官が適切な措置をとることができる権限である。

　(b)　弁論指揮権

　　法148条は，訴訟指揮権のうち，口頭弁論期日における手続の進行についての訴訟指揮権である**弁論指揮権**について定めている。

　　弁論指揮の例としては，弁論における発言の順序や証拠調べの順序を定めること等がある。

　　b　発言の許可と禁止

> 裁判長は，発言を許し，又はその命令に従わない者の発言を禁ずることができる。　　　　　　　　（同条2項）

　(イ)　釈明権

> 裁判長は，口頭弁論の期日又は期日外において，訴訟関係を明瞭にするため，事実上及び法律上の事項に関し，当事者に対して問いを発し，又は立証を促すことができる。　　　　　　　　（法149条1項）

　　a　釈明権の意義

　　釈明権とは，当事者の申立て，主張，立証に不明瞭，矛盾，不十分な点がある場合などに，訴訟関係を明瞭にするため，事実上，法律上の事項について，当事者に質問したり，主張や立証を促す裁判所の権能をいう。

　　b　釈明の分類

　　釈明の分類については，消極的釈明と積極的釈明に分類する考え方が最も有力である。

　　c　消極的釈明

　　　消極的釈明とは，当事者が一定の申立てや主張をしているが，それ
　　に内容面での不明瞭，矛盾，手続的な瑕疵がある場合に，それを問い
　　ただすために行われる補充的釈明をいう。
　ｄ　積極的釈明
　　　積極的釈明とは，当事者のした申立てや主張が当該事案について不
　　当又は不適当である場合や，当事者が適当な申立てや主張をしない場
　　合に，裁判所が積極的に指摘して申立てや主張をさせる是正的釈明を
　　いう。
　　　積極的釈明の場合の釈明権の行使は，一方当事者に有利で他方当事
　　者には不利な結果をもたらすことがある。
　ｅ　釈明の目的
　　　釈明は，弁論主義（後記65頁）の形式的な適用によって生じうる不
　　都合を是正することを目的とし，その意味で弁論主義の補充であると
　　解するのが通説である。
　　　釈明の内容が別個の請求原因にわたる結果となる場合（積極的釈
　　明）であっても，釈明権の行使が許される場合がある。
【判例㉔】釈明の制度は，弁論主義の形式的な適用による不合理を修正し，訴訟
　　　関係を明らかにし，できるだけ事案の真相をきわめることによって，当
　　　事者間における紛争の真の解決をはかることを目的として設けられたも
　　　のであるから，原告の申立に対応する請求原因として主張された事実関
　　　係とこれに基づく法律構成とがそれ自体正当ではあるが，証拠資料によ
　　　り認定される事実関係との間に喰い違いがあってその申立を認容するこ
　　　とができないと判断される場合においても，その訴訟の経過やすでに明
　　　らかになった訴訟資料，証拠資料からみて別個の法律構成に基づく事実
　　　関係が主張されるならば原告の申立を認容することができ，当事者間に
　　　おける紛争の根本的解決が期待できるにかかわらず，原告においてその
　　　主張をせず，かつ，主張しないことが明らかに原告の誤解または不注意
　　　に基づくものと認められるようなときは，裁判所は，その釈明の内容が
　　　別個の請求原因にわたる結果となる場合でも，その権能として，原告に
　　　対しその主張の趣旨とするところを釈明し，場合によっては発問の形式
　　　によって具体的な法律構成を示唆して真意を確かめることも許される。
　　　（最１小判昭45・６・11民集24巻６号516頁，判時597号92頁，判タ251
　　　号181頁）
　　　釈明権行使の範囲として，当事者の事実上，法律上の陳述や申立に不

明瞭，矛盾，誤謬，欠缺がある場合，不適当なものがある場合にこれに注意を促がして是正の機会を与え，証拠方法の提出を促がすことができることには異論がないし，当事者が提出した準備書面を陳述しないとき，陳述の意思を確め，すでになされた陳述や提出された証拠方法から当事者にある主張をする意思が推認される場合に，これを指摘してその主張を促がすことが許されることも，判例，通説の認めるところとされる（判例解説昭和45年度295頁）。

f　証拠の提出

証拠の提出について当事者が誤解をしていることが明らかな場合には，釈明権を行使して立証を促すべきである。

【判例㉕】売買代金請求に対する抗弁として主張する弁済の事実（債権の差押えに基づき第三債務者として弁済した事実）を立証する書証を提出したものと被告が誤解していることが明らかであるのに，弁済の主張に係る立証等について釈明権を行使することなく，被告の弁済の主張を排斥したのは，釈明権の行使を怠った違法がある。（最1小判平17・7・14裁判集民217号399頁，判時1911号102頁，判タ1191号235頁）

g　法的観点指摘義務

法的観点指摘義務（法律問題指摘義務）とは，裁判所が当事者の気付いていない法的観点に基づいて判断しようとする場合には，あらかじめその法的観点を当事者に指摘して，意見陳述の機会を与えなければならないとするものである。

法的観点指摘義務は，釈明義務の一態様である。

公序良俗，権利濫用，信義則違反等の規範的要件（一般条項）については，判決釈明による不意打ちが生じやすいとされる。

規範的評価（信義則違反等）が当事者から主張されていない場合に，裁判所が規範的評価に基づいて判決をすることは，当事者にとって不意打ちになる。

次の判例は，信義則違反に関する法的観点指摘義務の違反に基づく破棄と解することができる。

【判例㉖】原告と被告がともに主張していない法律構成である信義則違反の点について，原告に主張するか否かを明らかにするよう促すとともに被告に十分な反論及び反証の機会を与える措置をとることなく，裁判所が信義則違反の法律構成を採用して判断したことは，釈明権の行使を怠った違法がある。（最1小判平22・10・14裁判集民235号1頁，判時2098号55頁，

判タ1337号105頁）
　　　h　求問権

> 　当事者は，口頭弁論の期日又は期日外において，裁判長に対して必要な発問を求めることができる。　　　　　　（法149条3項）

　　　　当事者は，期日又は期日外において，裁判長に対して相手方当事者に対する発問を求めることができ，この当事者の権利は，**求問権**と呼ばれる。
　エ　一期日審理の例外
　　　特別の事情がある場合には，口頭弁論期日を続行することができる。
　　　特別の事情がある場合とは，事件の内容や当事者の訴訟準備の状況等を総合的に考慮して，期日を続行してでも少額訴訟手続により審理・裁判することが相当である場合をいう。
(2)　攻撃防御方法の提出

> 　当事者は，前項の期日前又はその期日において，すべての攻撃又は防御の方法を提出しなければならない。ただし，口頭弁論が続行されたときは，この限りでない。　　　　　　　　　　（法370条2項）

　ア　攻撃防御方法の意義
　　　攻撃防御方法とは，原告がその攻撃的申立てを，被告がその防御的申立てを支持し理由づけるためにする主張や証拠申出をいう。
　イ　攻撃防御方法の提出時期
　　　通常訴訟では，攻撃防御方法は適時に提出すべきものとされている（法156条）が，少額訴訟では，一期日審理を実現するため，攻撃防御方法の提出時期を，原則として，遅くとも最初にすべき口頭弁論の期日とされている。
(3)　弁論主義
　　弁論主義とは，裁判の基礎となる事実と証拠の収集・提出を当事者の権限及び責任とする原則である。
(4)　当事者本人の出頭命令

> 裁判所は，訴訟代理人が選任されている場合であっても，当事者本人又はその法定代理人の出頭を命ずることができる。　　（規則224条）

　少額訴訟においては，最初の口頭弁論の期日前又はその期日にすべての攻撃防御方法が提出される（法370条2項）など，法や本規則の規定の趣旨に沿った形で，円滑に審理を進めていくためには，訴訟代理人が選任されている場合であっても，当事者本人の協力が不可欠であるし，通常の手続における以上に，訴訟の主体であるとともに，有力な証拠（方法）でもある当事者本人から，随時に事情や意向を聴取できるような状況を確保することが必要であると考えられる（条解規則461頁）。

　また，裁判所が必要に応じて当事者本人等から弁論事項や意向を聴取することにより，一期日審理の手続基盤となるものである。

(5)　訴訟代理人

　ア　訴訟代理人の意義

　　訴訟代理人とは，当事者の名において，これに代わって訴訟行為をなし，又は訴訟行為を受ける者をいう。

　イ　訴訟代理人の資格

> 　法令により裁判上の行為をすることができる代理人のほか，弁護士でなければ訴訟代理人となることができない。ただし，簡易裁判所においては，その許可を得て，弁護士でない者を訴訟代理人とすることができる。
>
> 　　　　　　　　　　　　　　　　　　　　　　　　（法54条1項）

　簡易裁判所では，一定の要件を備えた司法書士（認定司法書士）が訴訟代理をすることができる。

　また，弁護士，認定司法書士でない者も，裁判所の許可を得て訴訟代理人になることができる。

　簡易裁判所における許可代理は，親族や会社の従業員等雇用関係のある者が代理人となる例が多い。

【判例㉗】弁護士法72条本文は，弁護士でない者が，報酬を得る目的で，業として，同条本文所定の法律事務を取り扱いまたはこれらの周旋をすることを禁止する規定である。（最大判昭46・7・14刑集25巻5号690頁，判時

636号26頁，判タ265号92頁）

ウ　許可の取消し

> 前項の許可は，いつでも取り消すことができる。　　　（同条２項）

エ　訴訟代理権の証明

> 訴訟代理人の権限は，書面で証明しなければならない。
>
> （規則23条１項）

(6)　主張責任と立証責任

ア　主張責任

(ア)　主張責任の意義

主張責任とは，要件事実の主張がされないために，裁判所がその事実を判決の基礎にできない結果，一方の当事者の受ける不利益又は危険のことである。

(イ)　主張共通の原則

主張共通の原則とは，主張責任を負わない当事者から主張された事実であっても，それを判決の基礎とすることができるとの原則である。

イ　立証責任

(ア)　立証責任の意義

立証責任とは，ある事実の存在が真偽不明（ノンリケット，non-liquet）になった場合に，一方の当事者が受ける不利益又は危険のことである。

(イ)　立証責任の分配

立証責任の分配の基準として，通説・実務は法律要件分類説を採用している。**法律要件分類説**は，実体法規の法律要件の定め方によって立証責任の分配を決定する。基本的には，実体法規の本文（請求原因），ただし書（抗弁）等の条文の体裁が基準となる。

なお，証拠共通の原則については後記73頁。

3　証拠調べの制限

> 証拠調べは，即時に取り調べることができる証拠に限りすることができる。 (法371条)

(1)　証拠調べの即時性

　　少額訴訟における**証拠調べの即時性**の要請は，一期日審理の実現のためであるから，即時性とは，口頭弁論期日における即時取調可能性を意味する。したがって，疎明の場合における即時性（法188条，後記79頁）と同義に狭く解する必要はなく，一期日審理の原則が維持できる範囲であれば，疎明の場合よりも広く証拠調べが許されるべきである。

(2)　書証

　ア　書証の申出

> 書証の申出は，文書を提出し，又は文書の所持者にその提出を命ずることを申し立ててしなければならない。 (法219条)

　イ　書証の写し等の提出

> 文書を提出して書証の申出をするときは，当該申出をする時までに，その写し2通（当該文書を送付すべき相手方の数が2以上であるときは，その数に1を加えた通数）を提出するとともに，文書の記載から明らかな場合を除き，文書の標目，作成者及び立証趣旨を明らかにした証拠説明書2通（当該書面を送付すべき相手方の数が2以上であるときは，その数に1を加えた通数）を提出しなければならない。ただし，やむを得ない事由があるときは，裁判長の定める期間内に提出すれば足りる。 (規則137条1項)

　ウ　文書の写し等の直送

> 前項の申出をする当事者は，相手方に送付すべき文書の写し及びその文書に係る証拠説明書について直送をすることができる。
> (同条2項)

(3)　人証の取調べ

　ア　在廷証人等

　　少額訴訟において証人尋問や当事者尋問を行うには，（後記71頁の電話
　会議システムを利用する場合を除いて，）口頭弁論期日に証人や当事者が
　在廷しなければならない。

　イ　呼出証人

　　少額訴訟において，呼出しによる証人尋問は，証人の出頭が確実とはい
　えず，即時に取り調べることができる証拠には当たらないと考えられる。

(4)　送付嘱託，調査嘱託

　ア　送付嘱託

　　文書の送付嘱託については，第1回口頭弁論期日前に申立てを採用すれ
　ば嘱託結果が期日前に到着する可能性が高い場合には，実務では送付嘱託
　を認めている。

　　書証の申出は，第219条の規定にかかわらず，文書の所持者にその
　文書の送付を嘱託することを申し立ててすることができる。ただし，
　当事者が法令により文書の正本又は謄本の交付を求めることができ
　る場合は，この限りでない。　　　　　　　　　　　　　　　（法226条）

　　例として，警察が作成した物件事故報告書や実況見分調書の送付嘱託の
　申立てを期日前に採用して，送付された書面について，期日に証拠調べを
　行っている。

　イ　調査嘱託

　　調査嘱託についても，審理のための必要性が認められ，調査結果が期日
　前に到着する可能性が高い場合には認められるが，少額訴訟において，審
　理のために調査嘱託の必要性が認められる事案は少ないと思われる。

　　裁判所は，必要な調査を官庁若しくは公署，外国の官庁若しくは公
　署又は学校，商工会議所，取引所その他の団体に嘱託することができ
　る。　　　　　　　　　　　　　　　　　　　　　　　　　　（法186条）

---

(5)　文書提出命令

　　文書提出命令（法223条1項）については，不服申立ての手続がある（同
　条7項）ことから，証拠調べの即時性が認められず，許されない。

(6)　尋問に代わる書面

　　　尋問に代わる書面（法278条）についても，証人等が書面の提出命令に応
じないときもこれを強制する手段がなく，改めて証人等を呼び出して尋問を
することになるため，即時に取り調べることができる証拠には当たらないと
考えられる。

(7)　検証

　　検証（法232条）とは，裁判官が，その五官の作用によって直接に事物の
性状や現象を観察し，その結果を証拠資料とする証拠調べである。

　　交通事故による損害賠償請求事件でドライブレコーダーが持参されたよう
な場合，その場ですぐに取り調べることができるのであれば，検証を行うこ
とは可能である。検証の結果については，規則170条1項により，調書の記
載を省略することができる。

4　証人尋問等

　　証人尋問（法190条）とは，法廷において証人に対し口頭で質問し，訴訟当
事者間に争いのある事実について，証人が経験した事実を陳述させ，その結果
である証言を証拠資料とする証拠調べである。

(1)　証人尋問の申出

> 　　証人尋問の申出をするときは，尋問事項書を提出することを要しな
> い。　　　　　　　　　　　　　　　　　　　　　　　　　　（規則225条）

　　通常訴訟において尋問事項書の提出を求めている規則107条の，少額訴訟
に関する特則である。

(2)　証人等の尋問

　ア　証人の宣誓の省略

> 　　証人の尋問は，宣誓をさせないですることができる。(法372条1項)

　　通常訴訟においては，証人を尋問するにあたり，原則として宣誓をさせ
なければならない（法201条1項）。少額訴訟においては，柔軟な審理を行
うため，証人の宣誓を省略することができる。

　イ　尋問の順序

> 証人又は当事者本人の尋問は，裁判官が相当と認める順序である。
>
> （同条2項）

　尋問の順序は，法202条（証人尋問）及び210条（当事者本人尋問）において規定されているが，少額訴訟においては，法372条2項により，裁判所は，最初から証人や当事者本人を尋問することができるので，当事者から紛争に関する事実を聴取しながら，弁論事項と証拠資料を適宜拾い出すという一体型審理（前記61頁）をしやすくなっている。

ウ　質問の方法

　証人又は当事者本人への質問については，一般市民である当事者に代わって裁判官が質問する方法も行われている。

エ　電話会議の方法による証人尋問

> 　裁判所は，相当と認めるときは，最高裁判所規則で定めるところにより，裁判所及び当事者双方と証人とが音声の送受信により同時に通話をすることができる方法によって，証人を尋問することができる。
>
> （同条3項）

　少額訴訟では，証人尋問において，当事者の申出があるときは，電話会議システムを利用して行うことができる。

　裁判所及び当事者双方は法廷にいて，証人だけが法廷以外の場所にいることになる。

　ただし，重要な証人であって，裁判官の面前での尋問が求められる場合には，電話会議システムによる証人尋問は相当でないと考えられる。

(ｱ)　当事者の申出

> 　裁判所及び当事者双方と証人とが音声の送受信により同時に通話をすることができる方法による証人尋問は，当事者の申出があるときにすることができる。　　　　　　　　（規則226条1項）

　電話会議の方法による証人の尋問の申出は，証人尋問の申出とは別のものである（条解規則464頁）。

(ｲ)　通話先の電話番号等の明示

> 　前項の申出は，通話先の電話番号及びその場所を明らかにしてし
> なければならない。　　　　　　　　　　　　　　　　（同条2項）

(ウ)　通話先の場所の変更命令

> 　裁判所は，前項の場所が相当でないと認めるときは，第1項の申
> 出をした当事者に対し，その変更を命ずることができる。
> 　　　　　　　　　　　　　　　　　　　　　　　　　（同条3項）

(エ)　ファクシミリの利用

> 　第1項の尋問をする場合には，文書の写しを送信してこれを提示
> することその他の尋問の実施に必要な処置を行うため，ファクシミ
> リを利用することができる。　　　　　　　　　　　（同条4項）

(オ)　調書の記載

> 　第1項の尋問をしたときは，その旨，通話先の電話番号及びその
> 場所を調書に記載しなければならない。　　　　　　（同条5項）

(カ)　通話者及び通話先の場所の確認

> 　第88条（弁論準備手続調書等）第2項の規定は，第1項の尋問を
> する場合について準用する。　　　　　　　　　　　（同条6項）

オ　当事者尋問
　当事者尋問（法207条）とは，当事者本人を証拠方法として尋問し，そ
こでなされた当事者の陳述を証拠資料とする証拠調べである。
　(ア)　当事者本人の尋問

> 　裁判所は，申立てにより又は職権で，当事者本人を尋問すること
> ができる。この場合においては，その当事者に宣誓をさせることが
> できる。　　　　　　　　　　　　　　　　　　　（法207条1項）

　(イ)　証人尋問の先行

> 　証人及び当事者本人の尋問を行うときは，まず証人の尋問をする。
> ただし，適当と認めるときは，当事者の意見を聴いて，まず当事者本
> 人の尋問をすることができる。　　　　　　　　　　（同条2項）

(3)　証人等の陳述の調書記載等
　ア　証人等の陳述の調書記載不要

> 　調書には，証人等の陳述を記載することを要しない。
> 　　　　　　　　　　　　　　　　　　　　　　（規則227条1項）

　　少額訴訟においては，原則として，1回の期日（最初の口頭弁論の期日）
で証人等の尋問等の審理を完了して（法370条1項），口頭弁論の終結後直
ちに判決の言渡しをする（法374条1項）ことになっているので，当事者
も裁判所も審理を行う上で，証人等の尋問調書を閲読してその陳述の内容
を確認する必要がない。そこで，本条1項は，証人等の陳述の調書への記
載を必要がないこととしたものである（条解規則469頁）。
　イ　録音テープ等への記録等

> 　証人の尋問前又は鑑定人の口頭による意見の陳述前に裁判官の命
> 令又は当事者の申出があるときは，裁判所書記官は，当事者の裁判上
> の利用に供するため，録音テープ等に証人又は鑑定人の陳述を記録し
> なければならない。この場合において，当事者の申出があるときは，
> 裁判所書記官は，当該録音テープ等の複製を許さなければならない。
> 　　　　　　　　　　　　　　　　　　　　　　　　（同条2項）

(4)　証拠共通の原則
　　証拠共通の原則とは，裁判所は一方当事者が提出した証拠を他方当事者に

有利な事実認定に用いることが許されるとする原則である。

【判例㉘】裁判所は，適法に提出されたすべての証拠について，当事者の援用の
　　　　有無にかかわらず，当事者双方のため共通してその価値判断をなすこと
　　　　を要する。（最1小判昭28・5・14民集7巻5号565頁，判タ30号42頁）

　　証拠共通の原則は，自由心証主義（法247条）の一内容として認められる。

　　自由心証主義は，裁判の基礎となる事実の認定を裁判官の自由な心証に委
ねることをいうが，この一内容として，証拠の証拠力（証拠価値）も裁判官
の自由な評価に委ねられるからである。

　　裁判所は，判決をするに当たり，口頭弁論の全趣旨及び証拠調べの結
果をしん酌して，自由な心証により，事実についての主張を真実と認め
るべきか否かを判断する。　　　　　　　　　　　　　　　　（法247条）

5　事実認定

(1)　文書の成立

　ア　文書の成立

　　文書は，その成立が真正であることを証明しなければならない。
　　　　　　　　　　　　　　　　　　　　　　　　　　（法228条1項）

　　法228条は，**文書の成立**についての規定である。

　　文書が真正に成立したとは，その文書が作成者の意思に基づいて作成さ
れたことをいう。

　　文書を事実認定の根拠として用いるためには，文書が真正に成立したこ
とを認定することが必要である。

　イ　文書の形式的証拠力

　　文書が真正に成立したことが認められると，文書の**形式的証拠力**が備わ
ることになる。

【判例㉙】書証の成立を認めるということは，ただその書証の作成名義人が真実
　　　　作成したもので偽造のものではないということを認めるだけで，その書
　　　　証に書いてあることが客観的に真実であるという事実を認めることでは
　　　　ない。（最3小判昭25・2・28民集4巻2号75頁）

　ウ　文書の成立を否認する場合における理由の明示

> 　文書の成立を否認するときは，その理由を明らかにしなければなら
> ない。　　　　　　　　　　　　　　　　　　　　　　（規則145条）

　本条は，文書の成立を否認する場合にも，事実の主張の積極否認と同様
に，理由付きで行うことを義務付けることとしたものであり，これによっ
て，理由を明らかにしない成立の否認や単なる不知との認否は，事実認定
上大きな影響を及ぼさない（特段の立証を待たず書証の成立を認定する。）
ことが，規定上も明確にされることとなった（条解規則307頁）。

(2)　二段の推定

ア　私文書の成立の真正の推定

> 　私文書は，本人又はその代理人の署名又は押印があるときは，真正
> に成立したものと推定する。　　　　　　　　　　（法228条4項）

　法228条4項は，私文書の成立についての証拠法則を規定している。

イ　二段の推定

　私文書の作成者の印影が作成者の印章によって顕出されたものであるこ
とが認められるとき（印影と印章が一致するとき）は，その印影は作成者
の押印した結果であると事実上推定される。そして，私文書に作成者が押
印した事実があると，法228条4項の推定により右文書は作成者の意思に
基づいて作成されたこと（**文書の真正**）が推定される。

　これが**二段の推定**（二段階の推定）といわれるものである。

　　　　　　　事実上の推定　　　　　　　法228条4頁による推定

| 印影と印章の一致 | → | 作成者の意思に基づく押印 | → | 文書の真正 |

　この二段の推定は実務上大きな機能を有し，文書の真否が争われた場
合，二段の推定によって文書の真否を決することが少なくない。

【判例㉚】私文書の作成名義人の印影が当該名義人の印章によって顕出されたも
　　　のであるときは，反証のないかぎり，該印影は本人の意思に基づいて顕
　　　出されたものと事実上推定するのを相当とするから，民訴法228条4項
　　　（旧326条）により，該文書が真正に成立したものと推定すべきである。
　　　（最3小判昭39・5・12民集18巻4号597頁，判時376号27頁，判タ163

号74頁）

　　本判決は，印章が実印かどうかを確定していないから，民訴326条の
「捺印」が実印によると実印にあらざる印によるとを区別していないと
解することができるが，実印であると否とでは，前記事実上の推定を遮
断する反証の如何を吟味するについて実際上微妙な差異をもたらすこと
は留意されてよいであろう（判例解説昭和39年度113頁）。

　ウ　印章を共有，共用している場合

　　二段の推定は経験則による事実上の推定であるから，反証によって推定
が破られることがある。

　　名義人が他の者と印章を共有，共用しているような場合には，名義人の
押印は推定されない。

【判例㉛】私文書の作成名義人の印影が当該名義人が他の者と共有，共用してい
　　　　る印章によって顕出されたものであるときは，右印影が名義人の意思に
　　　　基づいて顕出されたものと事実上推定することはできない。（最１小判
　　　　昭50・6・12裁判集民115号95頁，判時783号106頁，判タ325号188頁）

(3)　処分証書と報告文書

　ア　処分証書

　　処分証書とは，意思表示その他の法律行為が記載されている文書である。

　　処分文書の例としては，行政処分書，判決書，手形，小切手，契約書，
解約通知書，遺言書などがある。

　イ　報告文書

　　報告文書とは，作成者の見聞，判断，感想，記憶等が記載されている文
書である。

　　報告文書の例としては，登記簿，戸籍簿，調書，受領書，領収書，商業
帳簿，日記，診断書，手紙，陳述書などがある。

　　処分証書と報告文書は，その証拠力（証拠価値）において差異を生じる。

(4)　処分証書と報告文書の実質的証拠力

　　実質的証拠力とは，形式的証拠力（前記74頁）の認められた文書が，要証
事実の証明に役立つ度合いである。

　ア　処分証書の実質的証拠力

　　処分証書とは，前記のとおり，意思表示その他の法律行為が記載されて
いる文書をいう。

　　処分証書については，文書の成立の真正が認められれば，特段の事情の
ない限り，作成者によって記載内容のとおりの法律行為がなされたものと

認めることになる。

【判例㉜】書証の記載及びその体裁から，特段の事情のない限り，その記載どおりの事実を認めるのが当然である場合に，何ら首肯するに足る理由を示すことなくその書証を排斥するのは，理由不備の違法となる。（最1小判昭32・10・31民集11巻10号1779頁，判タ76号31頁）

　イ　報告文書の実質的証拠力

　　報告文書とは，前記のとおり，処分証書以外の文書で，事実に関する作成者の見聞，判断，感想，記憶等が記載されている文書をいう。

　　報告文書では，実質的証拠力の強いものと弱いものがあるため，個別の検討が必要である。

　　㈠　登記簿

　　　登記簿上に存する権利者の記載は，一応真実に合するものと推定すべきである（登記の推定力）。ただし，登記に公信力はない。

【判例㉝】登記簿上の所有名義人は，反証のないかぎり，右不動産を所有するものと推定すべきである。（最1小判昭34・1・8民集13巻1号1頁，金融法務202号8頁）

　　㈡　請求書

　　　請求書は，請求したという事実についてのみ強い証明力を持つ。

【判例㉞】請求書は，一般に，請求したという事実については強い証明力を持つと認められるが，そこに記載されている売買，賃貸借の存否については，作成者がその一方的な主張を記載したに過ぎないものであるから，通常強い証明力を持つとは認められない。（最2小判昭37・11・30裁判集民63号355頁）

　　㈢　領収証

　　　自己に不利益な内容を記載した文書であるため通常は信用性が高い。

6　証明と証明度

　(1)　証明

　ア　証明

　　証明とは，事実，経験則などを証拠により明らかにすることである。

　イ　訴訟上の証明

　　訴訟上の証明は，科学的な疑いをまったく排除する，実験に基づく科学的証明（反証を容れる余地はない）ではなく，いわゆる歴史的証明（反証の余地は残されている）である。

(2)　証明度

　　裁判所が，どの程度まで証明がなされていれば主張事実が存在するものとして扱ってよいかという程度のことを，**証明度**という。

　　証明度は，規範概念である。

　ア　証明度

　　(ア)　高度の蓋然性

　　　　高度の蓋然性とは，裁判官が，要証事実が存在することを確信しうる程度であることをいう。

　　(イ)　相当程度の蓋然性

　　　　相当程度の蓋然性とは，証明責任を負っている当事者の主張が反対事実の主張より確からしい程度であることをいう。

　イ　民事訴訟における証明度

　　　民事訴訟においては，原則的証明度として，高度の蓋然性を必要とするとするのが，判例・通説である。

　　　次の判例は，証明度についての判例法を確立したものとして扱われている。

　　　事実に関する高度の蓋然性が証拠によって基礎づけられたかどうかが，通常人による確信を基準として決定されなければならないとされている。

【判例㉟】訴訟上の因果関係の立証は，一点の疑義も許されない自然科学的証明ではなく，経験則に照らして全証拠を総合検討し，特定の事実が特定の結果発生を招来した関係を是認しうる高度の蓋然性を証明することであり，その判定は，通常人が疑を差し挟まない程度に真実性の確信を持ちうるものであることを必要とし，かつ，それで足りるものである。（最2小判昭50・10・24民集29巻9号1417頁，判時792号3頁，判タ328号132頁，東大ルンバール事件判決）

　　　　この確立した判例理論は，その後の判例においても確認されている。

【判例㊱】訴訟上の因果関係の立証は，一点の疑義も許されない自然科学的証明ではないが，経験則に照らして全証拠を総合検討し，特定の事実が特定の結果発生を招来した関係を是認し得る高度の蓋然性を証明することであり，その判定は，通常人が疑いを差し挟まない程度に真実性の確信を持ち得るものであることを必要とすると解すべきである。（最3小判平12・7・18裁判集民198号529頁，判時1724号29頁，判タ1041号141頁）

　　　　判例は高度の蓋然性説であるが，近年では学説において，相当程度の蓋然性説も有力になりつつある。

ウ　少額訴訟における証明度

　証明度は，訴訟類型や手続の構造などを考慮して，規範として設定されなければならない。

　少額訴訟における証明度としては，少額訴訟が迅速処理の要請の強い訴訟類型であることや，そのために一期日審理の原則（法370条1項），証拠調べの制限（法371条）がとられていること等の手続の構造により，通常訴訟における高度の蓋然性（原則的証明度）よりは低い，相当程度の蓋然性で足りると解すべきである。

エ　証明と疎明

　(ア)　疎明の意義

　　疎明とは，裁判官が，事実の存否につき一応確からしいとの心証（一応の蓋然性）を抱いた状態をいう。

【判例㊲】疎明は証明に対比して要証事実の真実性につき低度の蓋然性をもって足りる。（最1小判昭29・2・18裁判集民12号693頁）

　(イ)　疎明方法

> 　疎明は，即時に取り調べることができる証拠によってしなければならない。　　　　　　　　　　　　　　　　　　　　　　（法188条）

　　疎明における証拠は，即時に取り調べることができるものに限られている。

　(ウ)　疎明事項

　　疎明は，原則として，明文で許容されたものに限られ，迅速な処理を必要とする権利の暫定的確定や派生的事項の処理について認められている。

　　少額訴訟手続の証拠調べにおいては，証拠調べの即時性（法371条）がとられていることにより，証拠調べが制限されてはいるが，訴訟は権利関係の確定を目的とするものであるから，証明（相当程度の蓋然性）が必要であり，少額訴訟手続において明文によって疎明が許容されていない以上，疎明（一応の蓋然性）で足りると解することはできない。

オ　証明度のまとめ

制　度	目　的	証　明　度	
民事訴訟	権利の確定	証　明	高度の蓋然性
少額訴訟			相当程度の蓋然性
民事保全	権利の暫定的確定	疎　明	一応の蓋然性

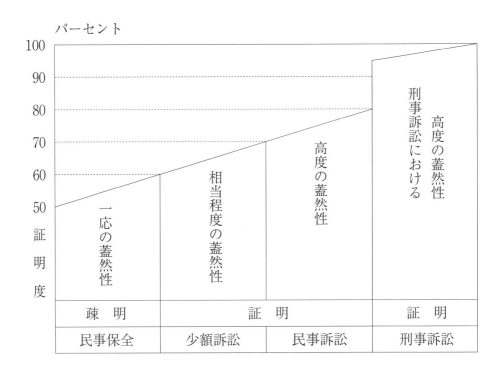

7　司法委員

(1)　司法委員の参与

> 　裁判所は，必要があると認めるときは，和解を試みるについて司法委員に補助をさせ，又は司法委員を審理に立ち会わせて事件につきその意見を聴くことができる。　　　　　　　　　　　　　　（法279条1項）

ア　司法和解の補助

　簡易裁判所の訴訟事件で，裁判所が和解を試みる場合（法89条，後記99頁），司法委員に補助をさせることができる。

イ　意見聴取

司法委員が意見を述べるのは，裁判官の判断の参考に供するためであるから，裁判官に対して述べれば足り，法廷で公然と意見を述べる必要はないし，またそれは適当でもない。制度上，当然のことであるが，司法委員の意見の採否，取捨選択は，裁判官の判断に委ねられており，裁判官が司法委員の意見に拘束されることはない（コンメ民訴Ⅴ378頁）。

ウ　司法委員の発問

> 裁判官は，必要があると認めるときは，司法委員が証人等に対し直接に問いを発することを許すことができる。　　　　　　　　（規則172条）

本条の規定により，司法委員が証人等に対し直接発問するためには，裁判官の許可が必要であるので，これを希望する司法委員は，裁判官に対し，審理の間に，発問の許可を求めることになる。その際，裁判官においてその発問が必要なものであるかを判断できるように，問いの趣旨や内容の要旨を説明することになろう。裁判官の許可は，特段の様式による必要はないので，口頭で司法委員に伝達することで足りる（条解規則361頁）。

(2)　司法委員の選任と指定

ア　司法委員の指定

(ア)　司法委員の員数

> 司法委員の員数は，各事件について1人以上とする。
> 　　　　　　　　　　　　　　　　　　　　　　　（法279条2項）

(イ)　司法委員の指定

> 司法委員は，毎年あらかじめ地方裁判所の選任した者の中から，事件ごとに裁判所が指定する。　　　　　　　　　　（同条3項）

(ウ)　司法委員の指定方式

司法委員の指定方式としては，あらかじめ開廷日ごとに司法委員候補者の割当表を作成し，各司法委員候補者に割当表に従って法廷に立ち会うことを求め，裁判官が司法委員の関与を相当と判断した事件について，立ち会っている司法委員候補者を司法委員に指定してその関与を求

める開廷日立会方式と，特定の事件について司法委員を指定してその関与を求めるいわゆる事件指定方式がある（コンメ民訴Ⅴ376頁）。

　イ　司法委員の選任

> 　前項の規定により選任される者の資格，員数その他同項の選任に関し必要な事項は，最高裁判所規則で定める。　　　　　（同条4項）

　裁判所は，良識のある者その他適当と認められる者の中から，司法委員となるべき者を選任する（司法委員規則）。

　具体的には，各種分野で活躍している一般良識を有する一般民間人や，弁護士，司法書士，大学教授，不動産鑑定士，税理士，土地家屋調査士等の専門的知識を有する者が，司法委員となっている。

(3)　司法委員への旅費等の支給

> 　司法委員には，最高裁判所規則で定める額の旅費，日当及び宿泊料を支給する。　　　　　（同条5項）

第2　通常の手続への移行

1　被告の申述による移行

(1)　被告の移行申述権

　ア　被告の移行申述権

> 　被告は，訴訟を通常の手続に移行させる旨の申述をすることができる。ただし，被告が最初にすべき口頭弁論の期日において弁論をし，又はその期日が終了した後は，この限りでない。　　　　　（法373条1項）

　原告が少額訴訟を選択できるのに対応して，公平の観点から，被告にも通常手続への移行申述権（選択権）が認められている。

　被告が移行申述権を行使できるのは，最初にすべき口頭弁論の期日において弁論をするまでである。

　期日が終了した後は，被告が口頭弁論期日に欠席した場合や，弁論をしないで退廷した場合でも，移行申述権を行使することができない。

イ　通常の手続への移行

> 訴訟は，前項の申述があった時に，通常の手続に移行する。
>
> （同条2項）

(2)　被告の移行の申述の方式

> 被告の通常の手続に移行させる旨の申述は，期日においてする場合を除き，書面でしなければならない。　　　　　（規則228条1項）

　規則228条1項の書面性に反した移行の申述は，効力がないことになるが，移行の申述を記載した書面は，手続を移行させる旨が記載されていれば足り，書式等はどのような形のものであってもよいし，移行を求める理由を記載する等の必要もない（条解規則472頁）。

【通常手続移行申述書】

令和〇年（少コ）第〇〇号
　　　　　　　　　　通常手続移行申述書
　　　　　　　　　　　　　原告　〇〇〇〇
　　　　　　　　　　　　　被告　〇〇〇〇
〇〇簡易裁判所　御中
　　　　　　　　令和〇年〇月〇日
　　　　　　　　　　被告　〇〇〇〇　　（印）
本件は，通常訴訟手続に移行の上，審理及び裁判をされたく申述します。

---

(3)　原告に対する被告の申述の通知

> 前項の申述があったときは，裁判所書記官は，速やかに，その申述により訴訟が通常の手続に移行した旨を原告に通知しなければならない。ただし，その申述が原告の出頭した期日においてされたときは，この限りでない。　　　　　　　　　　　　　　　　（同条2項）

　　少額訴訟を通常の手続に移行させる旨の被告の申述があると，訴訟は，この申述があった時に，通常の手続に移行するので，少額訴訟による審理及び裁判を求めていた原告にも，そのことを速やかに知らせ，移行後の訴訟活動の準備等ができるようにする必要があると考えられる（条解規則472頁）。

【通常手続移行の通知書】

令和○年（少コ）第○○号

通　知　書

原告　○○○○

被告　○○○○

□　原告○○○○　殿
□　被告○○○○　殿

　　　　　　　　　　　令和○年○○月○○日
　　　　　　　　　　　○○簡易裁判所
　　　　　　　　　　　　裁判所書記官　○○○○　　（印）

　本件訴訟は，令和○年○○月○○日
　　　　　□　被告の申述により
　　　　　□　民事訴訟法373条3項○号により
通常訴訟手続に移行しました。

---

　(4)　移行の申述の撤回
　　　　移行の申述の撤回は，手続の安定性を害することになるから，許されない。

2　裁判所の職権による移行決定

> 　次に掲げる場合には，裁判所は，訴訟を通常の手続により審理及び裁判をする旨の決定をしなければならない。
> 一　第368条第1項の規定に違反して少額訴訟による審理及び裁判を求めたとき。
> 二　第368条第3項の規定によってすべき届出を相当の期間を定めて命じた場合において，その届出がないとき。
> 三　公示送達によらなければ被告に対する最初にすべき口頭弁論の期日の呼出しをすることができないとき。
> 四　少額訴訟により審理及び裁判をするのを相当でないと認めるとき。
>
> （法373条3項）

(1)　移行決定

　　1号は少額訴訟の要件を充たさない場合，2号は利用回数届出義務の不履行の場合，3号は被告への最初になすべき口頭弁論の期日の呼出しが公示送達による場合，4号は少額訴訟手続による審判が相当でないと認められる場合である。

　　移行決定の時期については，定めがないので，口頭弁論終結前であれば，裁判所はいつでも移行決定をすることができる。

　　裁判官

　　　　本件につき，通常の手続により審理及び裁判をする。

ア　不服申立て

> 　前項の決定に対しては，不服を申し立てることができない。
>
> （同条4項）

　　これは，どの手続によるかについての不服申立てを認めると，そのために時間と費用がかかることになり，紛争の簡易迅速な解決を目指すべき少額訴訟の制度趣旨に反するからである。

イ　期日

> 　訴訟が通常の手続に移行したときは，少額訴訟のため既に指定した期日は，通常の手続のために指定したものとみなす。　（同条5項）

(2)　当事者に対する裁判所の移行決定の通知

> 　裁判所が訴訟を通常の手続により審理及び裁判をする旨の決定をしたときは，裁判所書記官は，速やかに，その旨を当事者に通知しなければならない。　　　　　　　　　　　　　　　　　　（規則228条 3 項）

　裁判所は，法373条 3 項に掲げる場合には，少額訴訟を通常の手続により審理及び裁判する旨の決定（移行決定）をすることになる。この決定も相当と認める方法により当事者に告知されることになる（法119条）が，この決定に対しては，不服を申し立てることができない（法373条 4 項）ため，通常の手続への移行の効果は，決定の告知によって直ちに生じ確定することになるので，告知の方法としても，送達といった厳格で費用のかかる方法による必要はないと考えられる。しかし，当事者に対しては，移行後の訴訟活動の準備等ができるように，速やかにこれを知らせることが望ましい（条解規則473頁）。

(3)　地方裁判所へ移送する場合

　事案の内容によって地方裁判所への裁量移送（法18条）をする場合には，職権により通常の手続に移行した後に移送することになる。

　ア　簡易裁判所の裁量移送

> 　簡易裁判所は，訴訟がその管轄に属する場合においても，相当と認めるときは，申立てにより又は職権で，訴訟の全部又は一部をその所在地を管轄する地方裁判所に移送することができる。　　（法18条）

　イ　専属管轄の場合の移送の制限

　少額訴訟事件は，簡易裁判所の専属管轄に属するので，少額訴訟のまま地方裁判所に移送することはできない。

> 　前 3 条の規定は，訴訟がその係属する裁判所の専属管轄（当事者が第11条の規定により合意で定めたものを除く。）に属する場合には，適用しない。　　　　　　　　　　　　　　　　　　　（法20条 1 項）

3　通常手続移行後の審理

(1)　審理

　　通常手続に移行すると，通常訴訟と同様の審理が行われ，一期日審理の原則（法370条1項）や証拠調べの制限（法371条）等の少額訴訟に関する特則は適用されない。

(2)　判決における事件の表示

　　通常手続に移行しても記録符号（少コ）は変わらないため，事件の表示の後に「通常手続移行」と記載して，通常手続による判決であることを明らかにしておく。

　　これは，少額訴訟債権執行の対象となる債務名義（民執法167条の2第1項，後記154頁）ではないことを明らかにするためでもある。

(3)　判決に対する不服申立て

　　通常訴訟手続による判決であるから，この判決に対する不服申立方法は，控訴となる。

第4章　少額訴訟の終局

　最近の司法統計年報（令和元年）によると，少額訴訟の終局区分としては，判決が約44パーセント（うち認容が約91パーセント，棄却が約9パーセント），和解が約23パーセント，取下げが約26パーセント等となっている。

第1　少額訴訟判決

1　判決の言渡し
(1)　判決即日言渡しの原則

> 　判決の言渡しは，相当でないと認める場合を除き，口頭弁論の終結後直ちにする。　　　　　　　　　　　　　　　　　（法374条1項）

　法374条1項は，法251条1項（言渡期日）の特則である。
　少額訴訟の判決は，原則として審理終了後直ちに言い渡さなければならない。
(2)　判決書の記載事項
ア　判決書の記載事項

> 　判決書には，次に掲げる事項を記載しなければならない。
> 一　主文
> 二　事実
> 三　理由
> 四　口頭弁論の終結の日
> 五　当事者及び法定代理人
> 六　裁判所　　　　　　　　　　　　　　　　　（法253条1項）
> 　事実の記載においては，請求を明らかにし，かつ，主文が正当であることを示すのに必要な主張を摘示しなければならない。（同条2項）

イ　簡易裁判所における簡略判決書

> 　判決書に事実及び理由を記載するには，請求の趣旨及び原因の要旨，その原因の有無並びに請求を排斥する理由である抗弁の要旨を表示すれば足りる。　　　　　　　　　　　　　　　（法280条）

　本条は，法253条（判決書）に対する簡易裁判所の特則である。
　簡易裁判所の判決書では，事実及び理由を記載するには，請求の趣旨及び原因の要旨，その原因の有無並びに請求を排斥する理由である抗弁の要旨を表示すれば足りることとして，判決書の簡略化が認められている。

(3)　判決理由の要旨
　ア　自白又は擬制自白が成立する場合
　「請求原因事実は，当事者間に争いがないから，原告の請求は理由がある。」
　「被告はこの事件の口頭弁論期日に出頭しないので，原告の主張する請求原因事実を認めたものとみなされる。」
　イ　証拠により認定する場合
　「証拠によれば，請求原因事実が認められるから，原告の請求は理由がある。」
　「証拠及び弁論の全趣旨によれば，請求原因事実が認められるから，原告の請求は理由がある。」
　ウ　一部認容の場合
　「原告の請求は，主文記載の限度で理由がある。」
　エ　請求を棄却する場合
　「請求原因事実を認めるに足りる証拠がないから，原告の請求は理由がない。」
　「証拠によれば，被告の主張する弁済の事実（抗弁事実）が認められるから，原告の請求は理由がない。」
　「原告の請求は，主張自体失当であり，理由がない。」

(4)　調書判決
　ア　言渡しの方式の特則

> 前項の場合には，判決の言渡しは，判決書の原本に基づかないですることができる。この場合においては，第254条第2項及び第255条の規定を準用する。　　　　　　　　　　　　　　　（法374条2項）

　本条2項は，法254条1項1号の場合（被告が事実を争わない場合）に限らず，少額訴訟の判決すべてについて，判決書の原本に基づかないで判決言渡しをし，調書判決の方式（法254条2項）を用いることを認めている。

(ア)　判決原本に基づかない判決の言渡し

　　通常の訴訟手続で判決を言い渡すためには，原則として，事前に判決書の原本を作成しなければならない（法252条）が，少額訴訟手続の判決の言渡しは，判決書の原本に基づかないですることができる。

(イ)　調書判決

　　少額訴訟判決の即日言渡しを容易にするため，判決書の原本に基づかないで言渡しをする場合には，調書判決によることができる（法254条2項の準用）。

イ　判決書に代わる調書の作成

> 前項の規定により判決の言渡しをしたときは，裁判所は，判決書の作成に代えて，裁判所書記官に，当事者及び法定代理人，主文，請求並びに理由の要旨を，判決の言渡しをした口頭弁論期日の調書に記載させなければならない。　　　　　　　　　　　　　（法254条2項）

ウ　判決書等の送達

(ア)　送達の必要

> 判決書又は前条第2項の調書は，当事者に送達しなければならない。　　　　　　　　　　　　　　　　　　　　　　　（法255条1項）

(イ)　判決書の正本等

> 前項に規定する送達は，判決書の正本又は前条第2項の調書の謄本によってする。　　　　　　　　　　　　　　　　　　　　（同条2項）

エ　調書判決の可否のまとめ

	争いのない事件	争いのある事件
通常訴訟	○	×
少額訴訟	○	○
少額異議	○	×

(5)　少額訴訟の判決書等の表示

> 少額訴訟の判決書又は判決書に代わる調書には，少額訴訟判決と表示しなければならない。　　　　　　　　　　　　　　（規則229条1項）

　少額訴訟の終局判決に対しては，控訴をすることができず（法377条），異議の申立てをすることだけが認められていること（法378条），請求を認容する判決については，裁判所の職権で仮執行宣言が付され（法376条），これを債務名義として強制執行をするときは，(単純)執行文が不要であること（整備法による改正後の民執法25条），裁判所は，金銭の支払の請求を認容する判決において，その支払について，分割払，訴え提起後の遅延損害金の支払義務の免除等の定めをすることができること（法375条）など，通常の手続に基づく判決と異なる特徴を有することから，少額訴訟の判決であることを判決書又は判決書に代わる調書上明確にしておくことが，当事者にとって便宜であるし，裁判所の事務処理上も有益である（条解規則474頁）。

(6)　調書判決の方法による判決の言渡しの方式

> 第155条（言渡しの方式）第3項の規定は，少額訴訟における原本に基づかないでする判決の言渡しをする場合について準用する。
> 　　　　　　　　　　　　　　　　　　　　　　　　　　（同条2項）

　通常の（訴訟）手続においては，判決書の原本に基づかない判決の言渡し（いわゆる調書判決の方法による判決の言渡し）は，法254条1項各号に掲げられた，実質的に争いのない事件に限って認められているが，少額訴訟においては，法374条2項の規定により，実質的に争いのない事件以外の事件

【口頭弁論調書（少額訴訟判決）】

| 事件の表示 | | 裁判官認印 | |

第　回口頭弁論調書（少額訴訟判決）

| 期日 | | 場所及び公開の有無 | |

裁　判　官		出頭した当事者等
裁判所書記官		
司　法　委　員		

| 指　　定　　期　　日
(和解・弁論準備・証拠調べ) | |

弁論の要領等

原　告　等	被　告　等
□ 訴状陳述 □ 訴状陳述擬制 □ 仮執行宣言申立 □ 請求の減縮申立書陳述 □ 請求の減縮申立書陳述擬制 □ 付帯請求起算日 　　□ 平成　年　月　日 　　□ 令和　年　月　日 □ 訴状訂正(訴変更)申立書陳述 □ 訴状訂正(訴変更)申立書陳述擬制 □ 準備書面(　　．　　付け)陳述 □ 仮執行宣言付支払督促認可申立・ 　　支払督促申立書の請求の原因陳述 □	□ 答弁書陳述 □ 答弁書陳述擬制 □ 請求棄却申立 □ 請求の減縮に同意する □ 請求原因事実はすべて認める □ 準備書面(　　．　　付け)陳述 □ 準備書面(　　．　　付け)陳述擬制 □

裁　判　所

□ 訴訟代理人許可(□ 原告・□ 被告) □ 和解勧告 □ 付弁論準備手続 □ 付自庁調停 □ 当事者間に別紙のとおり和解成立 　　(請求の表示は　　記載のとおり)	□ 弁論終結 □ 別紙のとおり主文及び理由の要旨を 　　告げて判決言渡し □ 判決原本に基づき判決言渡し □

□ 出頭当事者口頭弁論の結果陳述 □ その他の記載は別紙のとおり □ 証拠関係別紙のとおり	□ 出頭当事者弁論準備手続の結果陳述 □ 続行　　□ 延期　　□

| 裁判所書記官 | |

※この調書に符号を使用したときは，事件記録の表紙による。該当事項は□にレを付したもの
　又は認印したものに限る。

についても，これが可能であるので，本条２項は，その場合の判決の言渡しの方式について定めたものである（条解規則474条）。

2　判決による支払の猶予

> 　裁判所は，請求を認容する判決をする場合において，被告の資力その他の事情を考慮して特に必要があると認めるときは，判決の言渡しの日から３年を超えない範囲内において，認容する請求に係る金銭の支払について，その時期の定め若しくは分割払の定めをし，又はこれと併せて，その時期の定めに従い支払をしたとき，若しくはその分割払の定めによる期限の利益を次項の規定による定めにより失うことなく支払をしたときは訴え提起後の遅延損害金の支払義務を免除する旨の定めをすることができる。
> 　　　　　　　　　　　　　　　　　　　　　　　　　　（法375条１項）

(1)　支払の猶予等の措置

　　少額訴訟においては，請求を認容する判決をする場合には，裁判所の裁量で支払猶予等の措置を定める判決をすることができる。支払猶予判決は，遅延損害金の免除もできることから，手続法によって実体権の内容を変更するものであるといえる。

　　手続法によって実体権の内容を変更することについては，当事者が少額訴訟を任意に選択したことにより，裁判所が支払猶予等の措置を定めることを黙示的に承諾していると考えることができる。

　ア　要件

　　請求認容の判決をする場合であること。

　　被告の資力その他の事情を考慮して特に必要があると認めるときであること。

　イ　被告の資力その他の事情に関する資料

　　資料としては，被告の陳述や答弁書等の書面が主なものであるが，原告から聴取した被告の資力に関する事情や弁論の全趣旨（前記52頁）も資料になる。

　ウ　必要性の判断

　　必要性の要件の判断にあたって考慮すべき事情としては，被告の収入，生活状況，他の債務の有無，原告の意向，原告の権利実現の切迫性などがある。

(2)　類型

　ア　支払期限を定めること（**支払期限付き判決**）

　イ　分割払いを命じること（**分割払い判決**）

　　原告が分割払いの期間について３年を超えてもよいという意向を明らか
　にしている場合であっても，３年を超える分割払い等の定めをすることは
　できない。

　ウ　ア，イと併せて，一定の条件の下に，訴え提起後の遅延損害金の支払義
　務を免除すること（**遅延損害金免除の判決**）

　　利息は免除されず，免除される遅延損害金も訴え提起後のものに限られ
　る。

　　どの範囲の遅延損害金を免除するかは，裁判所が裁量で決めることがで
　きる。

(3)　期限の利益喪失の定め

> 　前項の分割払の定めをするときは，被告が支払を怠った場合における
> 期限の利益の喪失についての定めをしなければならない。（同条２項）

　期限の利益の喪失事由をどのように定めるかは，裁判所が裁量で決めるこ
とができる。

(4)　不服申立ての禁止

> 　前２項の規定による定めに関する裁判に対しては，不服を申し立てる
> ことができない。　　　　　　　　　　　　　　　　（同条３項）

　ア　不服申立ての禁止

　　少額訴訟判決において請求を認容し，支払猶予等の措置が定められた場
　合，その定めに関する不服申立ては許されない。

　　支払猶予等の措置を定めなかったことについても，不服を申し立てるこ
　とはできない。

　イ　異議申立てが許される場合

　　支払猶予等の措置を定めた判決が違法な場合には，異議の申立てが許さ
　れるべきである。

　　判決が違法な場合とは，判決言渡しの日から３年を超える支払猶予又は
　分割払いの定めをした場合，期限の利益喪失の定めをしなかった場合，訴

【支払猶予判決の主文例】

主　　　　　文

1　被告は，原告に対し，次の金員を支払う義務があることを確認する。

　(1)　　　　　　　　　円及びこれに対する（□令和　□平成）　　年　　月　　日から
　　　（□令和　□平成　□同）　　年　　月　　日までの遅延損害金　　　　　円
　　　の合計　　　　　　円

　(2)　　　　　　　　円に対する（□令和　□平成）　　年　　月　　日から支払済み
　　　まで年　分の割合による遅延損害金

2　被告は，原告に対し，前項(1)の金員を次のとおり分割して支払え。

　(1)　令和　年　　月　　日限り　万　　　　　円

　(2)　令和　年　　月　　日から同　年　　月　　日まで毎月　　日限り　万
　　　円ずつ

　(3)　令和　年　　月　　日限り　万　　　　　　円

3　被告は，前項の分割金の支払いを（□１回でも怠ったときは　□怠り，その額
　が　万　　　　円に達したときは　□　　回分以上怠ったときは）期限の利益を失
　い，被告は，原告に対し，１項の金員（前項による既払金があるときは，その額
　を控除した残額）を支払え。

4　被告が期限の利益を失うことなく２項の分割金を支払ったときは，１項(2)の金
　員の支払義務を免除する。

5　訴訟費用は，被告の負担とする。

6　この判決は，２項及び３項に限り，仮に執行することができる。

え提起前の遅延損害金の支払義務を免除した場合，元金を減縮したり，利息の免除やその減縮をした場合等（法375条1項，2項に反している場合）である。

(5)　支払猶予判決の保証人に対する効力

主債務者に対して支払猶予判決があった場合，前記(1)のとおり，支払猶予判決は実体権の内容を変更するものであるから，保証債務の付従性（民法448条1項）に基づいて，保証債務も支払猶予判決で認められた限度に減縮すると考えられる。

3　仮執行の宣言

仮執行とは，まだ確定していない判決に，確定した場合と同様の効力を与えることをいう。

(1)　必要的仮執行宣言

ア　**必要的仮執行宣言**

> 　請求を認容する判決については，裁判所は，職権で，担保を立てて，又は立てないで仮執行をすることができることを宣言しなければならない。　　　　　　　　　　　　　　　　　　（法376条1項）

法376条1項は，法259条1項（仮執行の宣言）の特則である。

少額訴訟の請求認容判決では，裁判所が職権で仮執行宣言を付さなければならない。一部認容判決については，認容部分に仮執行宣言を付さなければならない。

これにより，少額訴訟の請求認容判決は，確定をまたずに債務名義性（民執法22条）が付与され，強制執行をする場合に原告の負担が軽減されている。

イ　訴訟費用の担保に関する規定の準用

> 　第76条，第77条，第79条及び第80条の規定は，前項の担保について準用する。　　　　　　　　　　　　　　　　　　　　　（同条2項）

(2)　強制執行の実施

> 　強制執行は，執行文の付された債務名義の正本に基づいて実施する。ただし，少額訴訟における確定判決又は仮執行の宣言を付した少額訴訟の判決若しくは支払督促により，これに表示された当事者に対し，又はその者のためにする強制執行は，その正本に基づいて実施する。
>
> 　　　　　　　　　　　　　　　　　　　　　　　（民事執行法25条）

　強制執行は，執行文の付された債務名義の正本に基づいて行うのが原則であるが，簡易・迅速な手続である少額訴訟においては，強制執行の段階においても，少額訴訟判決の正本に執行文の付記を要しない（後記154頁）。したがって，少額訴訟判決の正本を提出すれば，強制執行が実施されることになる。

4　既判力

(1)　既判力の意義

　既判力とは，確定した裁判の内容が，訴訟当事者及び裁判所を拘束し，これに反する主張や判断の余地をなくするという効力をいう。

(2)　既判力の範囲

ア　既判力の客観的範囲

(ｱ)　既判力の客観的範囲

> 　確定判決は，主文に包含するものに限り，既判力を有する。
>
> 　　　　　　　　　　　　　　　　　　　　　　　（法114条1項）

(ｲ)　相殺の抗弁の例外

> 　相殺のために主張した請求の成立又は不成立の判断は，相殺をもって対抗した額について既判力を有する。　　　　（同条2項）

イ　既判力の主観的範囲

> 　確定判決は，次に掲げる者に対してその効力を有する。
> 一　当事者
> 二　当事者が他人のために原告又は被告となった場合のその他人
> 三　前2号に掲げる者の口頭弁論終結後の承継人
> 四　前3号に掲げる者のために請求の目的物を所持する者
>
> 　　　　　　　　　　　　　　　　　　　　　　　　（法115条1項）
>
> 　前項の規定は，仮執行の宣言について準用する。　　　（同条2項）

(3)　既判力の基準時

　事実審の口頭弁論の終結時が**既判力の基準時**となる。控訴審判決の場合には，控訴審の口頭弁論終結時である。

> 　確定判決についての異議の事由は，口頭弁論の終結後に生じたものに限る。　　　　　　　　　　　　　　　　　　（民事執行法35条2項）

　判決書には，口頭弁論の終結の日を記載することになっている。（法253条1項4号，前記88頁）

第2　訴訟上の和解

1　訴訟上の和解の意義

　訴訟上の和解とは，訴訟の係属中に，裁判所が関与して，訴訟当事者が互譲により訴訟物に関して和解の合意をし，これによって訴訟を終了させるものである。

2　訴訟上の和解の法的性質

(1)　私法行為説

　訴訟上の和解は，私法行為であるとする。

(2)　訴訟行為説

　訴訟上の和解は，私法上の和解とは別個の，訴訟行為としての合意であるとする。

(3)　**両行為競合説（両性説）**

　訴訟上の和解は，1個の行為ではあるが，私法上の性質と訴訟法上の性質

の両面を持つとする。

(4)　両行為併存説

訴訟上の和解は，私法行為としての和解と訴訟行為としての和解が併存しているとする。

両行為競合説（両性説）が判例の主流をなすとされ（例として最1小判昭33・6・14民集12巻9号1492頁），学説上も(3)ないし(4)が多数説である。

【判例㊳】要素に錯誤がある場合には，和解は無効である。（最1小判昭33・6・14民集12巻9号1492頁）

【判例㊴】訴訟上の和解が成立したことによって訴訟が終了したことを宣言する終局判決である第1審判決に対し，被告のみが控訴し原告が控訴も附帯控訴もしなかった場合において，控訴審が，当該和解が無効であり，かつ，請求の一部に理由があるが第1審に差し戻すことなく自判をしようとするときには，控訴の全部を棄却するほかない。（最1小判平27・11・30民集69巻7号2154頁，判時2286号45頁，判タ1421号101頁）

訴訟上の和解の法的性質については，諸説が対立するが，判例は，訴訟上の和解は単なる訴訟行為ではなく，私法上の和解契約の性質も有するとしている。その結果，訴訟上の和解については，実体法と訴訟法を競合的に適用して，実体上の要件が欠ければ無効となると解している（判例解説平成27年度557頁）。

3　和解の試み

> 裁判所は，訴訟がいかなる程度にあるかを問わず，和解を試み，又は受命裁判官若しくは受託裁判官に和解を試みさせることができる。（法89条）

4　訴訟上の和解の要件

(1)　合意が，実体法上，当事者が自由に処分することができる権利関係についてなされること。

(2)　合意の内容が，強行法規や公序良俗に違反しないこと。

【口頭弁論調書（和解・少額訴訟手続）】

第1回口頭弁論調書（和解・少額訴訟手続）

事 件 の 表 示　　　令和○年（少コ）第○○号
期　　　　　　日　　　令和○年○月○日　午前○○時○○分
場所及び公開の有無　　○○簡易裁判所民事○○号法廷で公開
裁　　判　　官　　　○　○　○　○
裁 判 所 書 記 官　　○　○　○　○
出頭した当事者等　　　原　告　○　○　○　○
　　　　　　　　　　　被　告　○　○　○　○

弁　論　の　要　領　等

司法委員　○○○○立会い
原　　告
　　　訴状及び準備書面（令和○年○月○日付）各陳述
被　　告
　　　答弁書陳述
当事者間に次のとおり和解成立
第1　当事者の表示
　　　別紙当事者目録記載のとおり
第2　請求の表示
　　　請求の趣旨及び請求の原因（紛争の要点）は，訴状及び準備書面（令和○年
　○月○日付）記載のとおりであるからこれを引用する。
第3　和解条項
　1　被告は，原告に対し，本件和解金として○○万円の支払義務があることを認
　　める。

（以下略）

裁判所書記官　○○○○（印）

5　60万円を超える金額による和解

　紛争の全体解決等のために，少額訴訟の訴額の上限60万円を超える金額による和解を成立させることがやむを得ない場合（例えば，少額訴訟手続を利用するために請求額を上限の60万円としているが，実際の債権額は60数万円である場合）には，職権で通常手続に移行（法373条3項，前記85頁）させた上で，和解を成立させるのが相当である。

　少額訴訟手続の中で60万円を超える金額による和解を成立させると，和解調書に基づく強制執行を行う場合に，本来地方裁判所の執行手続によるべき債権執行を，簡易裁判所の少額訴訟債権執行手続（民事執行法167条の2から167条の14まで）で行う結果になってしまうからである。

6　和解の場合の訴訟費用の負担

> 　当事者が裁判所において和解をした場合において，和解の費用又は訴訟費用の負担について特別の定めをしなかったときは，その費用は，各自が負担する。　　　　　　　　　　　　　　　　　　　　　　　（法68条）

7　和解調書の作成

　和解調書の作成は，和解の効力発生要件であり，成立要件ではないと解されている。

8　和解調書等の効力

> 　和解又は請求の放棄若しくは認諾を調書に記載したときは，その記載は確定判決と同一の効力を有する。　　　　　　　　　　　　　　（法267条）

【判例㊵】裁判上の和解は確定判決と同一の効力を有し，既判力を有するものと解すべきである。（最大判昭33・3・5民集12巻3号381頁）

9　和解の無効

　前記2の両行為競合説（又は両行為併存説）のように，和解が私法上の性質と訴訟上の性質の両面を持つとすると，私法上の行為が無効となり又は取り消されれば訴訟上の行為である和解も当然無効となるから，成立した和解につい

て要素の錯誤等の無効事由を主張できる。

　和解調書の記載に既判力を認めつつ，合意について瑕疵がある場合には和解の効力は生じないとする考え方は，**制限的既判力説**（前記判例㊳）と呼ばれている。

10　和解の無効を主張する方法

　判例は，個別事件の具体的な状況に応じて，当事者の選択に従い，以下の救済手段をいずれも認めている（**選択説**）。

　訴訟上の和解の無効を主張する方法について，判例は，①和解をした裁判所に期日指定の申立てをして従来の訴えを続行する方法（大決昭和6年4月22日・民集10巻380頁，最一小判昭和33年6月14日・民集12巻9号1492頁），②和解無効の確認の訴えを提起する方法（大判大正14年4月24日・民集4巻195頁，大判昭和7年11月25日・民集11巻2125頁），③請求異議の訴えを提起して和解に基づく強制執行を否定する方法（大判昭和14年8月12日・民集18巻903頁），④再審の訴えを提起する方法（大判昭和7年11月25日・民集11巻2125頁）を認めている（なお，学説上は，このような判例の立場は便宜に過ぎるとして，主張方法を一本に絞るべきだとの考えが強く，期日指定申立てに絞るべきとの説と和解無効確認の訴えに絞るべきとの説等が主張されていたが，判例と同じく複数の方法から選択することを許す説も有力に主張されている。）。

（判例解説平成27年度558頁）

(1)　期日指定の申立て

【判例㊶】和解をした裁判所に期日指定の申立てをして，従来の訴えを続行することができる。（最1小判昭33・6・14民集12巻9号1492頁，判例㊳と同じ）

【判例㊷】訴訟上の和解が成立した後，当事者がその無効を主張して既に終了した訴訟手続の続行を求めて期日指定の申立をしたのに対し，訴訟上の和解が成立したことによって訴訟が終了した旨の終局判決がなされた場合，右終局判決は，訴訟が終了したことを確定する訴訟判決であって，訴訟上の和解が有効であるとの点について既判力を有しない。（最2小判昭47・1・21裁判集民105号13頁）

(2)　和解無効確認の訴え

【判例㊸】別訴で和解無効確認の訴えを提起することができる。（最1小判昭38・2・21民集17巻1号182頁）

(3)　請求異議の訴え

　　　請求異議の訴え（民事執行法35条）を起こして，和解に基づく強制執行を
　　否定することができる。（最1小判昭44・7・10民集23巻8号1450頁，判時
　　568号50頁，判タ238号120頁）

【判例㊹】請求異議の訴えにおいて，既払額の多寡は本件和解において重要な前
　　　提事実になっていたものというべく，この点に関する錯誤は要素の錯誤
　　　に該当するものと解すべきであり，本件和解は無効であるとされた事
　　　例。（大阪高判平1・4・25交民集22巻2号325頁，判時1325号70頁，判
　　　タ707号212頁）

　(4)　再審の訴え
　　　再審事由がある場合には，再審の訴えを認める方法が認められる。（大判
　　昭7・11・25民集11巻2125頁）

11　訴訟上の和解の解除
　　　訴訟上の和解の内容たる私法上の契約が債務不履行のために解除されても，
　　右和解による訴訟終了の効果に影響を及ぼさないとするのが判例・多数説であ
　　る。

【判例㊺】訴訟が訴訟上の和解によって終了した場合においては，その後その和
　　　解の内容たる私法上の契約が債務不履行のため解除されるに至ったとし
　　　ても，そのことによっては，単にその契約に基づく私法上の権利関係が
　　　消滅するのみであって，和解によって一旦終了した訴訟が復活するもの
　　　ではないと解するのが相当である。（最1小判昭43・2・15民集22巻2
　　　号184頁，判時513号36頁，判タ219号81頁）

第3　和解に代わる決定

1　和解に代わる決定
　　　簡易裁判所においては，金銭支払請求事件については，請求認容判決をする
　　ことができる場合であっても，事案の実情に応じて分割払等の定めを付したう
　　えで，その支払いを命ずる**和解に代わる決定**をすることができる。

2　少額訴訟と和解に代わる決定
　　　少額訴訟手続においても，和解に代わる決定をすることができる。
　　　民執法167条の2第1項5号（後記154頁）も，このことをあらわしている。

> 　金銭の支払の請求を目的とする訴えについては，裁判所は，被告が口頭弁論において原告の主張した事実を争わず，その他何らの防御の方法をも提出しない場合において，被告の資力その他の事情を考慮して相当であると認めるときは，原告の意見を聴いて，第3項の期間の経過時から5年を超えない範囲内において，当該請求に係る金銭の支払について，その時期の定め若しくは分割払の定めをし，又はこれと併せて，その時期の定めに従い支払をしたとき，若しくはその分割払の定めによる期限の利益を次項の規定による定めにより失うことなく支払をしたときは訴え提起後の遅延損害金の支払義務を免除する旨の定めをして，当該請求に係る金銭の支払を命ずる決定をすることができる。　　　　（法275条の2第1項）

3　和解に代わる決定の要件

(1)　金銭の支払請求を目的とする訴えであること

(2)　被告が口頭弁論において原告の主張した事実を争わず，その他何らの防御の方法を提出しない場合であること

(3)　被告の資力その他の事情を考慮して相当であること

(4)　原告の意見を聴くこと

4　和解に代わる決定の内容

(1)　5年を超えない範囲内において，支払期限を猶予し，又は分割払の定めをすることができる。

(2)　(1)と併せて，期限どおりに支払ったとき，又は，期限の利益を失うことなく支払ったときは，訴え提起後の遅延損害金の免除の定めを加えることができる。

(3)　期限の利益喪失の定め

> 　前項の分割払の定めをするときは，被告が支払を怠った場合における期限の利益の喪失についての定めをしなければならない。（同第2項）

5　異議申立て

(1)　異議申立て

> 　第1項の決定に対しては，当事者は，その決定の告知を受けた日から2週間の不変期間内に，その決定をした裁判所に異議を申し立てることができる。　　　　　　　　　　　　　　　　　　　　　　　（同第3項）

　2週間は不変期間であるから，裁判所がその期間を伸縮することはできない。

(2)　異議申立ての効果

> 　前項の期間内に異議の申立てがあったときは，第1項の決定は，その効力を失う。　　　　　　　　　　　　　　　　　　　　　　　　（同第4項）

　異議の申立てがあったときは，裁判所は，従前の訴訟手続を進行させ，判決をすることになる。

6　和解に代わる決定の効力

> 　第3項の期間内に異議の申立てがないときは，第1項の決定は，裁判上の和解と同一の効力を有する。　　　　　　　　　　　　　　　（同第5項）

　東京地判平25・9・18（判例秘書登載）は，「和解に代わる決定の性質に鑑みれば，和解に関する決定につき，意思表示の錯誤に関する民法95条の適用・類推適用の余地はないものと解される。」としている。

【和解に代わる決定】

令和○年（小コ）第○○号損害賠償請求事件（少額訴訟手続）

決　　　　　定

当事者　　　別紙１当事者目録記載のとおり

主　　　　　文

別紙２和解条項記載のとおり

事　実　及　び　理　由

1　請求の表示

　　請求の趣旨及び原因は，訴状記載のとおりであるから，これを引用する。

2　理由

　　被告は，口頭弁論において原告の主張した事実を争わず，その他何らの防御の方法を提出しないので，被告の資力その他の事情を考慮して相当であると認め，原告の意見を聴いて，民事訴訟法第275条の２に基づいて主文のとおり和解に代わる決定をする。

　　　　　令和○年○月○○日

　　　　　　　○○簡易裁判所

　　　　　　　裁　判　官　○　○　○　○

（注意事項）

　　当事者は，この決定の告知を受けた日から２週間以内に，当裁判所に異議の申立てをすることができる。適法な異議の申立てがあったときは，この決定は効力を失う。適法な異議の申立てがないときは，この決定は，裁判上の和解と同一の効力を有する。

第4　訴えの取下げ

1　訴えの取下げ

(1)　訴えの取下げ

ア　訴えの取下げの意義

訴えの取下げとは，原告が訴えを撤回する旨の意思表示である。

> 訴えは，判決が確定するまで，その全部又は一部を取り下げることができる。　　　　　　　　　　　　　　　　　（法261条1項）

イ　請求の減縮の性質

請求の減縮とは，請求原因を変更せず請求金額のみを減縮する行為である。

請求の減縮は，訴えの一部取下げであり，被告の同意などの要件が適用され，訴えの取下げの手続に服する。

【判例㊻】請求の趣旨の減縮は，訴えの一部取下げにすぎず，訴えの変更に当たらない。（最1小判昭27・12・25民集6巻12号1282頁，判タ27号52頁，判例⑧と同じ）

(2)　被告の同意

> 訴えの取下げは，相手方が本案について準備書面を提出し，弁論準備手続において申述をし，又は口頭弁論をした後にあっては，相手方の同意を得なければ，その効力を生じない。ただし，本訴の取下げがあった場合における反訴の取下げについては，この限りでない。（同条2項）

ア　積極的確定の利益

法261条2項の場合に，訴えの取下げについて被告の同意を要するのは，被告が本案について積極的に争う態度を示し訴訟活動をした以上，被告は，請求棄却判決を得ることについて正当な利益（**積極的確定の利益**）を有するからである。

イ　同意の方式

被告の同意については格別方式の規定はなく，書面又は口頭ですればよい。

ウ　同意の拒絶の撤回

　　いったん同意を拒絶すれば訴えの取下げは無効と確定し，後にこれを撤
　回して改めて同意しても訴えの取下げの効力は生じない。
【判例㊼】訴えの取下げに同意しない旨の意思表示を撤回しあらためて同意をし
　　ても訴え取下げは効力を生じない。（最2小判昭37・4・6民集16巻4
　　号686頁）
(3)　訴えの取下げの手続
　ア　訴えの取下げの方式

> 　　訴えの取下げは，書面でしなければならない。ただし，口頭弁論，
> 弁論準備手続又は和解の期日においては，口頭ですることを妨げな
> い。　　　　　　　　　　　　　　　　　　　　　　　（同条3項）

　イ　口頭弁論調書への記載
　　　訴えの取下げが口頭弁論期日等において口頭でされた場合には，必ず調
　　書に記載しなければならない。

> 　　口頭弁論の調書には，弁論の要領を記載し，特に，次に掲げる事項
> を明確にしなければならない。
> 一　訴えの取下げ，和解，請求の放棄及び認諾並びに自白
> 　　　　　　　　　　　　　　　　　　　　　（規則67条1項1号）

　ウ　取下書等の送達

> 　　第2項本文の場合において，訴えの取下げが書面でされたときはそ
> の書面を，訴えの取下げが口頭弁論等の期日において口頭でされたと
> き（相手方がその期日に出頭したときを除く。）はその期日の調書の
> 謄本を相手方に送達しなければならない。　　　　（法261条4項）

(4)　訴えの取下げがあった場合の取扱い
　ア　訴えの取下書の副本の送達

> 　　訴えの取下げの書面の送達は，取下げをした者から提出された副本
> によってする。　　　　　　　　　　　　　　　　（規則162条1項）

イ　同意を要しない訴えの取下げの通知

> 　訴えの取下げがあった場合において，相手方の同意を要しないときは，裁判所書記官は，訴えの取下げがあった旨を相手方に通知しなければならない。　　　　　　　　　　　　　　　　　　　（同条2項）

(5)　被告の同意の擬制

> 　訴えの取下げの書面の送達を受けた日から2週間以内に相手方が異議を述べないときは，訴えの取下げに同意したものとみなす。訴えの取下げが口頭弁論等の期日において口頭でされた場合において，相手方がその期日に出頭したときは訴えの取下げがあった日から，相手方がその期日に出頭しなかったときは前項の謄本の送達があった日から2週間以内に相手方が異議を述べないときも，同様とする。　（法261条5項）

　訴えの変更の場合に，旧訴の取下げに同意をしたものと解されることがある。

【判例㊽】相手方が訴えの変更に対し異議を述べずに新訴につき弁論をしたときは，旧訴の取下げに暗黙の同意をしたものと解すべきである。（最2小判昭38・1・18民集17巻1号1頁，判時330号35頁，判タ142号49頁）

2　訴えの取下げの効果
(1)　訴えの取下げの効果

> 　訴訟は，訴えの取下げがあった部分については，初めから係属していなかったものとみなす。　　　　　　　　　　　　　　　（法262条1項）

(2)　訴えの取下げと再訴の禁止

> 　本案について終局判決があった後に訴えを取り下げた者は，同一の訴えを提起することができない。　　　　　　　　　　　　　（同条2項）

ア　訴えの取下げと再訴の禁止
　(ア)　少額訴訟の再訴

少額訴訟判決も終局判決（法377条，378条）であるから，少額訴訟の再訴をすることはできない。

(イ)　通常訴訟の再訴

再訴を禁止される同一の訴えであるかどうかは，単に当事者及び訴訟物の観点から考察するのではなく，権利保護の利益又は必要性の観点も考慮に入れて判断されなければならないが（後記判例㊾），当事者及び訴訟物が同じであれば，少額訴訟で人証の取調べ等により実質審理が行われていることから，通常訴訟の再訴も許されないと解される。

(ウ)　訴訟判決と再訴

法262条2項は，本案について終局判決があった後の取下げについての規定であるから，**訴訟判決**（訴訟要件の欠缺を理由に訴えを不適法として却下する判決）があった後の取下げについては，再訴禁止の規定は適用されない。

イ　同一の訴え

当事者及び訴訟物が同じであっても，再訴の提起を正当ならしめる新たな訴えの利益又は必要性が存するときは，法262条2項は適用されない。

例として，被告が原告の権利を認めたので訴えを取り下げたところ，被告が再び原告の権利を否認したので，確認の訴えを提起する場合等がある。

【判例㊾】民訴法262条2項にいう「同一の訴え」とは，単に当事者及び訴訟物を同じくするだけではなく，訴の利益又は必要性の点についても事情を一にする訴を意味し，たとえ新訴が旧訴とその訴訟物を同じくする場合であっても，再訴の提起を相当ならしめる新たな利益又は必要性が存するときは，同条項の規定はその適用がないものと解するのが，相当である。（最3小判昭52・7・19民集31巻4号693頁，判時865号49頁，判タ353号207頁）

3　訴えの取下げの擬制

> 　当事者双方が，口頭弁論若しくは弁論準備手続の期日に出頭せず，又は弁論若しくは弁論準備手続における申述をしないで退廷若しくは退席をした場合において，１月以内に期日指定の申立てをしないときは，訴えの取下げがあったものとみなす。当事者双方が，連続して２回，口頭弁論若しくは弁論準備手続の期日に出頭せず，又は弁論若しくは弁論準備手続における申述をしないで退廷若しくは退席をしたときも，同様とする。
>
> （法263条）

　１月の期間の計算は，民法の規定による（法95条１項，民法140条）。したがって期間は，欠席等をした期日の翌日から計算されることになる。

【判例⑤】本条所定の期間は不変期間ではないから，期日指定の申立ての追完は許されない。（最２小判昭33・10・17民集12巻14号3161頁）

第5　請求の放棄及び認諾

> 　請求の放棄又は認諾は，口頭弁論等の期日においてする。（法266条１項）

1　請求の放棄の意義
　請求の放棄とは，原告が，自らの訴訟上の請求についてその理由がないことを自認して訴訟を終了させる行為である。

2　請求の認諾の意義
　請求の認諾とは，被告が，原告の訴訟上の請求についてその理由があることを自認して訴訟を終了させる行為である。

3　請求の放棄，認諾の法的性質
　請求の放棄，認諾の法的性質については，実体法上の行為ではなく，訴訟行為であるとするのが通説である。

> 　　請求の放棄又は認諾をする旨の書面を提出した当事者が口頭弁論等の期日に出頭しないときは，裁判所又は受命裁判官若しくは受託裁判官は，その旨の陳述をしたものとみなすことができる。　　　　　　（同条2項）

4　請求の放棄，認諾の効力

前記和解調書等の効力（101頁）参照。

第5章　不服申立て

第1　控訴の禁止

少額訴訟の終局判決に対しては，控訴をすることができない。（法377条）

簡易・迅速な紛争解決手続である少額訴訟においては，異議の申立てによる同一審級での再審理を許すとともに，控訴は禁止される。

第2　少額訴訟判決に対する異議

1　異議申立て
(1)　異議申立て
ア　異議申立て

少額訴訟の終局判決に対しては，判決書又は第254条第2項（第374条第2項において準用する場合を含む。）の調書の送達を受けた日から2週間の不変期間内に，その判決をした裁判所に異議を申し立てることができる。ただし，その期間前に申し立てた異議の効力を妨げない。　　　　　　　　　　　　　　　　　　　　　　（法378条1項）

口頭弁論終結後直ちに言い渡された判決に対してその場で申し立てられた異議のように，判決送達前に行われた異議も有効である。

イ　異議申立ての利益
原告は，訴え不適法却下の訴訟判決，請求棄却の本案判決について，被告は，請求認容の本案判決について，**異議申立ての利益**がある。

一部認容の本案判決については，当事者双方がその敗訴部分に関して異議申立ての利益がある。

ウ　強制執行の停止
異議申立てがあっても，仮執行宣言（法376条1項，前記96頁）を付した少額訴訟判決に基づく強制執行は，当然には停止されない。

強制執行を停止するためには，少額訴訟判決に対する異議申立てととも

に強制執行停止の申立てをして，それが認められる必要がある。

> 　次に掲げる場合には，裁判所は，申立てにより，決定で，担保を立てさせて，若しくは立てさせないで強制執行の一時の停止を命じ，又はこれとともに，担保を立てて強制執行の開始若しくは続行をすべき旨を命じ，若しくは担保を立てさせて既にした執行処分の取消しを命ずることができる。ただし，強制執行の開始又は続行をすべき旨の命令は，第三号から第六号までに掲げる場合に限り，することができる。
> 五　仮執行の宣言を付した手形訴訟若しくは小切手訴訟の判決に対する異議の申立て又は仮執行の宣言を付した少額訴訟の判決に対する異議の申立てがあった場合において，原判決の取消し又は変更の原因となるべき事情につき疎明があったとき。
>
> （法403条1項5号）

(2)　手形異議に関する規定の準用

> 　第358条から第360条までの規定は，前項の異議について準用する。
>
> （法378条2項）

　異議申立ての方式，異議申立権の放棄及び異議の取下げについては，手形訴訟における異議の規定が準用される。

2　異議申立ての方式等

(1)　異議申立ての方式等

> 　第217条（異議申立ての方式等）及び第218条（異議申立権の放棄及び異議の取下げ）の規定は，少額訴訟の終局判決に対する異議について準用する。
>
> （規則230条）

(2)　書面による申立て

　少額訴訟判決に対する異議申立ての方式については，規則230条により同217条（手形訴訟の規定）が準用されている。

　ア　異議申立ての方式

> 異議の申立ては，書面でしなければならない。　（規則217条1項）

　少額訴訟判決に対する異議の申立ては，書面でしなければならず，ファクシミリによる異議の申立ては許されない（規則3条1項1号）。
　ファクシミリによって異議申立書が送信されてきた場合には，あらためて書面の提出を促すべきである。

イ　異議申立書の送付

> 裁判所は，前項の書面を相手方に送付しなければならない。
> 　　　　　　　　　　　　　　　　　　　　　　（同条2項）

ウ　異議申立書が準備書面を兼ねること

> 法第161条（準備書面）第2項に掲げる事項を記載した第1項の書面は，準備書面を兼ねるものとする。　　　　　　（同条3項）

【少額訴訟判決に対する異議申立書】

令和○年（小コ）第○○号
　　　　　　　少額訴訟判決に対する異議申立書
　　　　　　　　　　　　　　原告　　○○○○
　　　　　　　　　　　　　　被告　　○○○○
○○簡易裁判所　御中
　　　　　　　　令和○年○月○日
　　　　　　　　　被告　　○○○○　　（印）
本件について，言い渡された判決は不服であるから，異議を申し立てます。

---

(3)　異議の理由
　　異議申立書には，異議申立てをする当事者の表示，少額訴訟判決に対して不服であること及び異議を申し立てる旨の記載があれば足り，異議の理由を記載することは必ずしも必要ではない。

3　異議申立権の放棄

(1)　異議申立権の放棄

　　異議申立権の放棄については，法378条2項により，法358条が準用されている（前記114頁）。

> 　異議を申し立てる権利は，その申立て前に限り，放棄することができる。　　　　　　　　　　　　　　　　　　　　　　　　　（法358条）

　　異議申立権の放棄は，自らの異議申立権を消滅させる単独訴訟行為であり，これにより少額訴訟判決を異議申立期間満了前に確定させることができる。

　　異議の取下げ（法360条，後記123頁）と異なり，相手方の同意は不要である。

(2)　異議申立権の放棄の方式

　　異議申立権の放棄についても，規則230条により同218条（手形訴訟の規定）が準用されている。

> 　異議を申し立てる権利の放棄は，裁判所に対する申述によってしなければならない。　　　　　　　　　　　　　　　　　　（規則218条1項）

(3)　相手方への通知

> 　前項の申述があったときは，裁判所書記官は，その旨を相手方に通知しなければならない。　　　　　　　　　　　　　　　　　　（同条2項）

(4)　副本の送達

> 　第162条（訴えの取下げがあった場合の取扱い）第1項の規定は，異議の取下げの書面の送達について準用する。　　　　　　　（同条3項）

第3　異議後の審理及び裁判

> 　適法な異議があったときは，訴訟は，口頭弁論の終結前の程度に復する。この場合においては，通常の手続によりその審理及び裁判をする。
> 　　　　　　　　　　　　　　　　　　　　　　　　　　（法379条1項）

1　異議審の審判の対象

　異議審における審判の対象は，少額訴訟判決の当否ではなく，原告の請求の当否である。

　異議審の手続において当事者が少額訴訟判決の当否を主張しても（一般的には，少額訴訟判決の当否の主張は，原告の請求の当否の主張と共通することが多いであろう。），裁判所は，あらためて原告の請求自体を再審理して裁判することになる。

2　異議審における審理

(1)　少額訴訟手続で行われた審理

　ア　少額訴訟手続で行われた審理

　　訴訟は口頭弁論終結前の状態に復し，口頭弁論が再開され，通常の手続によるものの，少額訴訟で行われた弁論の続行として審理が行われる。

　　少額訴訟手続と異議審の手続は，手続として一体のものであるため，少額訴訟手続における弁論の内容や証拠調べの結果等は，そのまま異議審の訴訟資料となる。

　イ　口頭弁論期日の回数

　　異議後の最初の口頭弁論期日における調書に記載すべき回数は，少額訴訟事件の最後の口頭弁論期日の回数に連続した回数を記載する。（少額訴訟事件の口頭弁論期日の回数が1回であれば第2回期日となる。）

(2)　口頭弁論の更新

　　異議申立前の手続と異議後の手続とは一体のものであるから，少額訴訟の担当裁判官と異議審の担当裁判官が同じ場合は，**口頭弁論の更新**（法249条2項）は必要ない。裁判官が異なる場合には，口頭弁論の更新が必要となる。

　　実務では，少額訴訟と同一の裁判官が異議審を担当する運用が多い。

(3)　異議審における審理

　　上記(1)アのとおり，異議審における通常の手続による審理は，少額訴訟手続で行われた弁論の続行として行われるもので，一体の手続となる。

　　被告の移行申述権の行使や裁判所の移行決定による三審制の訴訟構造を有する通常の手続への移行（法373条，前記82頁）とは異なるものである。

　　異議審においては，「通常の手続により審理及び裁判をする」ことにして証拠調べの制限（法371条）を外したうえで，異議審においても，法369条を準用して反訴を禁止し，また372条2項を準用して一体型審理を行えるようにし，法380条1項（後記124頁）で控訴を禁止する等，少額訴訟制度の趣旨

が維持された，制限のある通常の手続となっている。

ア　適用がなくなる規定

　　異議審における審理は，通常の手続により行われるため，少額訴訟に関する特則規定である一期日審理の原則（法370条），証拠調べの制限（法371条），証人尋問の際の宣誓の省略（法372条1項）等は適用がなくなる。

イ　準用される規定

> 　　第362条，第363条，第369条，第372条第2項及び第375条の規定は，前項の審理及び裁判について準用する。　　　　　　　（法379条2項）

(ア)　審理

　　通常の手続によるとはされているが，異議審においても反訴は禁止される（法369条の準用）。証人等の尋問も，裁判官が相当と認める順序で行われる（法372条2項の準用）ため，一体型審理を行うことができる。（法372条1項の準用はないので，証人尋問の宣誓は省略できない。）

　　異議審においても，少額訴訟制度の趣旨に沿った，迅速で集中的な審理が行われるべきである。

(イ)　判決

　　異議審の判決においては，少額訴訟判決の場合と同じく，支払の猶予等の措置を行うことが認められる（法375条の準用）。

ウ　異議審における通常の手続の特性

・　362条　　　　少額訴訟判決の認可
・　363条　　　　異議後の判決における訴訟費用
・　369条　　　　反訴の禁止
・　372条2項　尋問の順序
・　375条　　　　支払猶予判決
・　380条1項　控訴の禁止

(4)　異議審における通常移行

　　異議審における通常手続への移行については，法379条2項が通常移行の規定である法373条（1項被告の申述による移行，3項裁判所の移行決定）を準用していないことから，許されないと考えられる。

　　異議審の手続は，前記(3)のとおり，少額訴訟制度の趣旨が維持された，制限のある通常手続であり，異議審の段階で制限のない通常手続へ移行させることは，少額訴訟制度の趣旨に反することになるであろう。

(5)　異議審における訴えの変更

ア　訴えの変更の可否

　　異議審の手続においては，法143条（訴えの変更）の適用があるため，訴えの変更をすることは許される。

イ　訴額が60万円を超える場合

　　少額訴訟が60万円以下の金銭の支払の請求を目的とする訴えを対象とするものである（法368条1項）以上，異議審においても，訴額が60万円を超えることになる訴えの変更は許されない。

ウ　請求の拡張に当たる場合

　　訴えの変更が請求の拡張に当たる場合には，被告には拡張部分について異議前の少額訴訟の審理及び裁判を受ける利益があり，通常移行の申述の利益もあったので，被告の同意がない限り，請求の拡張は許されない。

(6)　異議審における弁論の併合

ア　弁論の併合の可否

　　異議審の手続においては，法152条1項（弁論の併合，前記57頁）の適用があるため，弁論の併合をすることは許される。

イ　弁論の併合の要件

　　異議審における弁論の併合でも，通常の弁論の併合の要件（双方の事件が同種の訴訟手続である少額異議事件であること等）に加えて，少額訴訟が60万円以下の金銭の支払の請求を目的とする訴えを対象とするものである（法368条1項）ことから，併合後の訴額が60万円を超えないことが必要である。

(7)　地方裁判所への移送

　　少額訴訟事件は，異議審においても，簡易裁判所の専属管轄に属するので，少額異議事件を地方裁判所に移送することはできない。（専属管轄の場合の移送の制限，法20条1項，前記86頁）

　　また，異議審において通常手続への移行が許されないことについては前記(4)のとおりであり，異議審において通常移行をした上で地方裁判所に移送することもできないと考えられる。

3　異議後の判決

　　異議後の判決については，法379条2項により，手形訴訟における異議後の判決の規定（法362条）が準用されている。

　　少額異議判決は，既に債務名義（少額訴訟判決）が存在することを前提に行

う必要がある。

　異議後の判決は，判決書の原本に基づいて言い渡す（法252条）。

(1)　異議申立てを却下する場合

　　申立権のない者の申立てや申立期間を徒過した申立て等，異議申立てが不適法でその不備を補正することができないときは，判決で異議申立てを却下する。

　　口頭弁論を経ない異議の却下については，法378条2項により，法359条が準用されている（前記114頁）。

> 　異議が不適法でその不備を補正することができないときは，裁判所は，口頭弁論を経ないで，判決で，異議を却下することができる。
>
> 　　　　　　　　　　　　　　　　　　　　　　　　　　　　（法359条）

　主文例　　1　本件異議申立てを却下する。

　　　　　　2　異議申立て後の訴訟費用は被告の負担とする。

(2)　少額訴訟判決を全部認可する場合

　　異議審において，その結論が少額訴訟判決と同じ場合は，既に少額訴訟判決が存在するので，少額訴訟判決を認可する判決をする（法379条2項による法362条1項の準用）。債務名義が重複しないようにするためである。

> 　前条の規定によってすべき判決が手形訴訟の判決と符合するときは，裁判所は，手形訴訟の判決を認可しなければならない。ただし，手形訴訟の判決の手続が法律に違反したものであるときは，この限りでない。
>
> 　　　　　　　　　　　　　　　　　　　　　　　　　　　（法362条1項）

　主文例　　1　原告と被告との間の○○簡易裁判所令和○年（少コ）第○○号
　　　　　　　　○○請求事件について，同裁判所が令和○年○月○日に言い渡し
　　　　　　　　た少額訴訟判決を認可する。

　　　　　　2　異議申立て後の訴訟費用は被告の負担とする。

(3)　結論が異なる場合

　　結論が少額訴訟判決と異なる場合（全部認容から全部棄却になる場合等）には，少額訴訟判決を取り消すとともに（法379条2項による法362条2項の準用），あらためて原告の請求の当否について判断を示すことになる。

> 　前項の規定により手形訴訟の判決を認可する場合を除き，前条の規定によってすべき判決においては，手形訴訟の判決を取り消さなければならない。　　　　　　　　　　　　　　　　　　　　　　　（法362条2項）

　主文例　　（全部認容から全部棄却）
　　　　　　1　原告と被告との間の○○簡易裁判所令和○年（少コ）第○○号○○請求事件について，同裁判所が令和○年○月○日に言い渡した少額訴訟判決を取り消す。
　　　　　　2　原告の請求を棄却する。
　　　　　　3　訴訟費用は原告の負担とする。
　主文例　　（全部棄却から全部認容）
　　　　　　1　原告と被告との間の○○簡易裁判所令和○年（少コ）第○○号○○請求事件について，同裁判所が令和○年○月○日に言い渡した少額訴訟判決を取り消す。
　　　　　　2　被告は，原告に対し，○○万円を支払え。
　　　　　　3　訴訟費用は被告の負担とする。
(4)　変更判決（一部認可，一部取消し）
　　　異議審における判決が，結論の一部において少額訴訟判決と一致し，残部において一致しない場合には，認可部分と取消部分が分かりにくいので，実務では，少額訴訟判決を変更する判決がなされている。
　主文例　　1　原告と被告との間の○○簡易裁判所令和○年（少コ）第○○号○○請求事件について，同裁判所が令和○年○月○日に言い渡した少額訴訟判決を次のとおり変更する。
　　　　　　2　被告は，原告に対し，○○万円及びこれに対する令和○年○月○日から支払済みまで年3パーセントの割合による金員を支払え。
　　　　　　3　原告のその余の請求を棄却する。
　　　　　　4　訴訟費用は，これを○分し，その○を原告の負担とし，その余は被告の負担とする。
(5)　異議後の判決における訴訟費用
　　　異議を却下し，又は少額訴訟においてした訴訟費用の負担の裁判を認可する場合には，異議申立後の訴訟費用の負担について裁判をしなければならない。（法379条2項による法363条の準用）

> 　異議を却下し，又は手形訴訟においてした訴訟費用の負担の裁判を認可する場合には，裁判所は，異議の申立てがあった後の訴訟費用の負担について裁判をしなければならない。　　　　　　　　（法363条1項）

　その他の場合は，異議の前後を通じた訴訟費用の全部についての裁判を改めてすることになる。

(6)　仮執行宣言

　少額異議判決については，特別上告（後記125頁）を除いて不服申立てをすることができず，少額異議判決の言渡しと同時に確定するので，仮執行宣言を付する必要はない。

4　異議後の訴訟の判決書等

(1)　少額異議判決の表示

> 　異議後の訴訟の判決書又は判決書に代わる調書には，少額異議判決と表示しなければならない。　　　　　　　　　　　　（規則231条1項）

　少額訴訟における異議後の訴訟の判決に対しては，特別上告以外に不服の申立てをすることができないこと（法380条），請求を認容する判決を債務名義として強制執行をするときは，（単純）執行文が不要であること（整備法による改正後の民執法25条）など，通常の手続に基づく判決と異なる特徴を有することから，少額訴訟の異議後の訴訟の判決であることを判決書又は判決書に代わる調書上明確にしておくことが，当事者にとって便宜であるし，裁判所の事務処理上も有益である（条解規則476頁）。

(2)　異議後の訴訟の判決書等への少額訴訟の判決書等の引用

> 　第219条（手形訴訟の判決書等の引用）の規定は，異議後の訴訟の判決書又は判決書に代わる調書における事実及び理由の記載について準用する。　　　　　　　　　　　　　　　　　　　　　　（同条2項）

　本条2項は，少額訴訟においても，異議後の訴訟の判決書又は判決書に代わる調書における事実及び理由の記載は，少額訴訟の判決書又は判決書に代わる調書を引用してすることができることとしたものである（条解規則477

頁）。

5 異議審における和解

　異議審においても和解の試み（前記99頁）は可能である。

　異議審において和解が成立する場合，異議前の少額訴訟手続で請求認容の仮執行宣言付判決をしているときは，同判決と債務名義が重複しないようにするため，次のような和解条項を記載することが必要である。

　「原告は，被告に対し，○○簡易裁判所令和○年（少コ）第○○号仮執行宣言付少額訴訟判決に基づく強制執行はしない。」

6 異議の取下げ

　異議の取下げは，異議申立てを撤回する単独訴訟行為である。

　少額訴訟判決に対する異議の取下げについては，法378条2項により，法360条が準用されている（前記114頁）。

（1）取下げの時期

> 　異議は，通常の手続による第一審の終局判決があるまで，取り下げることができる。　　　　　　　　　　　　　　　　　　　（法360条1項）

（2）相手方の同意

> 　異議の取下げは，相手方の同意を得なければ，その効力を生じない。
> 　　　　　　　　　　　　　　　　　　　　　　　　　　　　（同条2項）

　相手方の同意を要するのは，異議があると訴訟は通常の手続に移行することになるので，異議申立人の相手方においても，少額訴訟判決を自己に有利に変更し得る可能性があるからである。

（3）異議の取下げの効果等

　ア　異議の取下げの効果

> 　第261条第3項から第5項まで，第262条第1項及び第263条の規定は，異議の取下げについて準用する。　　　　　　　　　　（同条3項）

　異議の取下げがあると，初めから異議の申立てがなかったものとみなさ

れ（法360条3項による法262条1項の準用），異議の申立てに伴うすべて
の効果が遡及的に消滅する。したがって，異議申立期間が経過することに
より，少額訴訟判決が確定する。

　イ　異議の取下げの擬制

　　異議審において当事者双方が不出頭等で休止となった場合，休止期間が
満了したときには，訴えの取下げではなく異議の取下げが擬制される。（法
360条3項による法263条の準用）

(4)　異議の取下書の副本の送達

> 第162条（訴えの取下げがあった場合の取扱い）第1項の規定は，異
> 議の取下げの書面の送達について準用する。　　　　　（規則218条3項）

　準用されている規則162条については前記108頁

(5)　異議の取下げと再訴の禁止

　ア　少額訴訟の再訴

　　異議の取下げがあれば，少額訴訟判決が確定することにより，既判力が
生ずる。少額訴訟の再訴は，前訴確定判決の既判力（前記97頁）に抵触し，
不適法として却下されることになる。少額訴訟の再訴は許されない。

　イ　通常訴訟の再訴

　　当事者及び訴訟物が同じであれば，少額訴訟においては人証の取調べ等
により実質審理が行われていることから，通常訴訟の再訴も許されないと
解される（前記110頁）。

7　異議後の判決に対する不服申立て

(1)　控訴の禁止

> 第378条第2項において準用する第359条又は前条第1項の規定に
> よってした終局判決に対しては，控訴をすることができない。
>
> 　　　　　　　　　　　　　　　　　　　　　　　　　　（法380条1項）

　少額異議判決については，本案判決（法379条1項）の場合も，異議の却
下判決（法378条2項による359条の準用）の場合も，控訴が禁止されている。

　少額異議判決に対する控訴の制限については，憲法32条（裁判を受ける権
利）に違反しないとされている。

【判例51】憲法32条は何人も裁判所において裁判を受ける権利があることを規定するにすぎないのであって，審級制度をどのように定めるかは憲法81条の規定するところを除いて専ら立法政策の問題である。民訴法380条1項は，憲法32条に違反しない。（最2小判平12・3・17裁判集民197号697頁，判時1708号119頁，判タ1032号145頁）

(2)　特別上告

ア　特別上告の規定の準用

異議後の判決については，法380条2項により，**特別上告**についての規定である法327条が準用されている。

第327条の規定は，前項の終局判決について準用する。（同条2項）

控訴禁止の例外として，憲法違反が問題となる場合には，最高裁判所への不服申立ての機会を保障する必要があるため（憲法81条，法令等の合憲性審査権），特別上告を行うことができる。

少額異議判決に対する唯一の不服申立手続となる。

イ　特別上告

高等裁判所が上告審としてした終局判決に対しては，その判決に憲法の解釈の誤りがあることその他憲法の違反があることを理由とするときに限り，最高裁判所に更に上告をすることができる。（法327条1項）

ウ　特別上告手続における上告の規定の準用

前項の上告及びその上告審の訴訟手続には，その性質に反しない限り，第2審又は第1審の終局判決に対する上告及びその上告審の訴訟手続に関する規定を準用する。この場合において，第321条第1項中「原判決」とあるのは,「地方裁判所が第2審としてした終局判決（第311条第2項の規定による上告があった場合にあっては，簡易裁判所の終局判決）」と読み替えるものとする。（同条2項）

エ　原裁判所による上告却下

上告状及び上告理由書提出期間内に提出された書面のいずれにも法312

条1項，2項に規定する事由が全く記載されていない場合（特別上告理由に憲法違反が示されていない場合）は，原裁判所は，直ちに決定で上告を却下すべきである。

【判例㊿】上告状及び民訴規則194条所定の上告理由書提出期間内に上告人から提出された書面のいずれにも民訴法312条1項及び2項に規定する事由の記載がないときは，その不備を補正する余地はないから，原裁判所は，民訴規則196条1項所定の補正命令を発すべきではなく，直ちに決定で上告を却下すべきである。（最2小決平12・7・14裁判集民198号457頁，判時1723号49頁，判タ1041号156頁）

> 　上告は，判決に憲法の解釈の誤りがあることその他憲法の違反があることを理由とするときに，することができる。　　　（法312条1項）

第 2 編　事件別の定型訴状

事件別の定型訴状

【定型訴状１】　表題（共通）

訴　　　状

事　件　名

　　□貸金　□売買代金　□請負代金　□敷金返還　□賃料　□マンション管理費

　　□損害賠償（交通）　□損害賠償（その他）　□不当利得返還　□賃金

　　□解雇予告手当　□

請　求　事　件

□少額訴訟による審理及び裁判を求めます。本年，私がこの裁判所において少額訴訟による審理及び裁判を求めるのは＿＿＿回目です。

　　令和＿＿＿年＿＿＿月＿＿＿日

　　　　原　告　＿＿＿＿＿＿＿＿＿＿＿＿＿＿＿＿＿＿＿＿　印

　　　簡易裁判所　御中

附属書類	□訴状副本　□上申書　□代理人許可申請書　□調停不成立証明書 □法人登記事項証明書　□不動産登記事項証明書　□固定資産評価証明書 □戸籍謄（抄）本　□規約　□議事録　□証拠方法欄記載の各書面 □

証拠方法	□契約書　□借用書　□領収書　□見積書　□請求書　□重要事項説明書 □内容証明郵便　□配達証明書　□交通事故証明書　□写真 □明細書　□取引履歴　□示談書・念書・覚書 □

訴　額　＿＿＿＿＿＿＿円

手数料　＿＿＿＿＿＿＿円

印　紙　貼　付　欄

裁判所使用欄

受付印

収入印紙		円	係印
予納郵券		円	

当事者の表示

原　告

　　　住　所【□兼送達場所】

（〒　　　－　　　）
　　　　　　　　都道
　＿＿＿＿＿＿＿府県　＿＿＿＿＿＿＿＿＿＿＿＿＿＿＿＿＿＿＿＿＿

　　　氏　名・法人名　＿＿＿＿＿＿＿＿＿＿＿＿＿＿＿＿＿＿＿＿＿

　　　　　　　　　　【□代表者 [□代表取締役] ＿＿＿＿＿＿＿＿＿＿＿】
　　　　　　　　　　　　　　　　[□]

　　　　　　　（TEL　　　－　　　－　　　）（FAX　　　－　　　－　　　）

　　　□送達場所の届出 [□勤務先（名称＿＿＿＿＿＿＿＿＿＿＿＿＿＿＿）
　　　　　　　　　　　　□その他の場所（原告との関係＿＿＿＿＿＿＿＿＿）]

　　　　　　　　　　（〒　　　－　　　）

　　　送達場所　＿＿＿＿＿＿＿＿＿＿＿＿＿＿＿＿＿＿＿＿＿＿＿＿＿

　　　　　　　　【□送達受取人　＿＿＿＿＿＿＿＿＿＿＿＿＿＿＿】

　　　　　　　（TEL　　　－　　　－　　　）（FAX　　　－　　　－　　　）

被　告

　　　住　所

（〒　　　－　　　）
　　　　　　　　都道
　＿＿＿＿＿＿＿府県　＿＿＿＿＿＿＿＿＿＿＿＿＿＿＿＿＿＿＿＿＿

　　　氏　名・法人名　＿＿＿＿＿＿＿＿＿＿＿＿＿＿＿＿＿＿＿＿＿

　　　　　　　　　　【□代表者 [□代表取締役] ＿＿＿＿＿＿＿＿＿＿＿】
　　　　　　　　　　　　　　　　[□]

【定型訴状3の1】　契約一般

請 求 の 趣 旨【□前記記載のとおり】

1　被告　は，原告　　に対し，　　　　次の金額を支払え。

　(1)　金＿＿＿＿＿＿＿＿円

□(2)　(1)の金額【□のうち金＿＿＿＿＿＿＿＿円】に対する[□令和＿＿年＿＿月＿＿日

　　□本訴状送達の日の翌日]から支払済みまで年＿＿＿＿パーセントの割合による金員

2　訴訟費用は被告　の負担とする。

との判決【□及び仮執行宣言】を求める。

請 求 の 原 因 （紛争の要点）

1　原告　　　　は，被告　　　　　との間で，次の契約（約束）をした。

　(1)　契約（約束）した日　令和＿＿年＿＿月＿＿日

　(2)　契約（約束）の内容

2　原告　が，被告　に対し，請求の趣旨記載の金額の支払いを求める理由は，以下のとおりである。

請 求 の 趣 旨【□前記記載のとおり】

1 被告 は, 原告 に対し, 次の金額を支払え。

(1) 金＿＿＿＿＿＿＿円

□(2) (1)の金額【□のうち金＿＿＿＿＿＿円】に対する［□令和＿年＿月＿日

□本訴状送達の日の翌日］から支払済みまで年＿＿パーセントの割合による金員

2 訴訟費用は被告 の負担とする。

との判決【□及び仮執行宣言】を求める。

請 求 の 原 因 （紛争の要点）

1 原告 は, 被告 との間で, 次の商品を買い受ける旨の売買契約を締結した。

商品 (商品名, 品番等) ＿＿＿＿＿＿＿＿＿＿＿＿＿＿＿＿＿＿＿＿＿＿

売買契約の内容

(1) 契約日 令和＿年＿月＿日

(2) 売買代金額 ＿＿＿＿＿＿＿円

(3) 支払期日［□令和＿年＿月＿日 □定めなし □ ］

□(4) 契約解除 (代金返還) ［□商品到達後＿日以内

についての特約 ［□ ］

2 原告 は, 上記売買代金を, 令和_年_月_日に支払った。これに対して, 被告 は,

商品を［□令和_年_月_日に引き渡した □いまだに引き渡さない］。

3 原告 には, 被告 に支払を求める以下の理由がある。

□契約解除による売買代金返還 (解除日［□令和_年_月_日 □本訴状送達による］)

解除事由 ［□(ア)履行遅滞・不完全履行 (令和_年_月_日催告) □(イ)履行不能

□(ウ)上記1(4)の特約 □(エ)合意

□債務不履行による損害賠償

具体的不履行・瑕疵内容【□及び損害の内訳】は, 次のとおりである (上記で(エ)・(オ)を選択した場合は記入不要) 。

［ ］

4 よって, 原告 は, 被告 に, ＿＿＿＿円【□及び遅延損害金】の支払いを求める。

【定型訴状3の3】　売買代金・商品提供型売掛

請 求 の 趣 旨【□前記記載のとおり】

1　被告【□ら】は，原告　　　に対し，【□連帯して】次の金額を支払え。

(1)　金＿＿＿＿＿＿＿円

□(2)　(1)の金額【□のうち金＿＿＿＿＿＿円】に対する[□令和＿＿年＿＿月＿＿日　□本訴状送達の日の翌日]から支払済みまで年＿＿＿パーセントの割合による金員

2　訴訟費用は被告【□ら】の負担とする。

との判決【□及び仮執行宣言】を求める。

請 求 の 原 因 （紛争の要点）

1　原告　　　は，被告　　　　と，令和＿＿年＿＿月＿＿日，以下の内容で契約を締結し【□以降，継続的に取引し】た。

(1)　契約内容[□商品の売買　□商品・情報等の提供　□　　　　　　　]

具体的取引内容（商品・単価・個数等）

[　　　　　　　　　　　　　　　　　　　　　　　　　　　　　　　　]

(2)　支払期日[□令和＿＿年＿＿月＿＿日　□毎月＿＿日締め＿＿日払い　□定めなし]

【□(3)　連帯保証人　被告＿＿＿＿＿（令和＿年＿月＿日付け保証を証する書面あり）】

2　原告　は，被告　　　　に対し，令和＿＿年＿＿月＿＿日【□〜令和＿＿年＿＿月＿＿日の間】に，上記1(1)の[□商品　□　　　　]を，合計＿＿＿＿＿＿＿円で[□売り渡した　□提供した　□　　　　　　]（□詳細は別紙のとおり）。

3　上記2に関して，原告　に支払われた代金は，[□ない　□以下のとおりである]。
□令和＿＿年＿＿月＿＿日【□〜令和＿＿年＿＿月＿＿日の間】に＿＿＿＿＿＿円

4　よって，原告　は，被告【□ら】に対し，【□連帯して】＿＿＿＿＿＿＿＿円【□及び遅延損害金】の支払を求める。

【定型訴状3の4】 貸金

請 求 の 趣 旨【□前記記載のとおり】

1　被告【□ら】は，原告　　　　に対し，【□連帯して】次の金額を支払え。
　(1)　金＿＿＿＿＿＿＿＿＿円
□(2)　(1)の金額【□のうち金＿＿＿＿＿＿＿円】に対する〔□令和＿＿年＿＿月＿＿日
　　　□本訴状送達の日の翌日〕から〔□支払済み　□令和＿＿年＿＿月＿＿日〕まで年
　　　＿＿＿＿パーセントの割合による金員
□(3)　(1)の金額【□のうち金＿＿＿＿＿＿＿円】に対する令和＿＿年＿＿月＿＿日から
　　　支払済みまで年＿＿＿＿＿パーセントの割合による金員
2　訴訟費用は被告【□ら】の負担とする。
との判決【□及び仮執行宣言】を求める。

請 求 の 原 因（紛争の要点）

1　原告　　　　　　は，被告　　　　　　　　　に対し，以下の条件で金銭を貸し渡した。
　(1)貸付日〔　□令和＿＿年＿＿月＿＿日　　□別紙貸付日欄記載のとおり〕
　(2)貸付金額〔□＿＿＿＿＿＿＿＿円　　□別紙貸付日の取引金額欄記載のとおり〕
　(3)利息の約定〔□無　　　□年＿＿＿＿パーセント〕（□ただし，利息制限法の制限
　　　　　　　　〔□　　　　　　　　　　　　　　　　　　　利率により請求する）
　(4)損害金の約定〔□無　　　□年＿＿＿＿パーセント〕（□ただし，利息制限法の制
　　　　　　　　　〔□　　　　　　　　　　　　　　　　　限利率により請求する）
　(5)弁済期〔□令和＿＿年＿＿月＿＿日【□から令和＿＿年＿＿月まで毎月＿＿日限り＿＿＿円ずつ】〕
　　　の定め〔□無（催告日…□令和＿＿年＿＿月＿＿日　　□本訴状の送達による）〕
　　　　　　〔□　　　　　　　　　　　　　　　　　　　　　　　　　　　　　　　〕

【□(6)特約条項　□期限の利益喪失の定め（支払を＿＿＿＿＿＿＿＿怠ったとき）】

【□(7)連帯保証人　被告＿＿＿＿＿＿＿（令和＿＿年＿＿月＿＿日付け保証を証する書面あり）】

2　被告【□ら】が原告　に対し返済した金額は，〔□ない　□＿＿＿＿＿＿＿円である〕。
【□なお，〔□最終支払日　□期限の利益喪失日〕は，令和＿＿年＿＿月＿＿日である。】

3　よって，原告　は，被告【□ら】に対し，【□連帯して】＿＿＿＿＿＿＿＿＿＿円
　　（□内訳：元金＿＿＿＿＿＿＿円，利息＿＿＿＿＿＿円，確定損害金＿＿＿＿＿円）
　　【□及び残元金に対する【□利息，】遅延損害金】の支払を求める。

【定型訴状3の5】　賃料

請　求　の　趣　旨【□前記記載のとおり】

1　被告【□ら】は，原告　　　　　に対し，【□連帯して】次の金額を支払え。
（1）金＿＿＿＿＿＿＿＿円
□(2)　(1)の金額【□のうち金＿＿＿＿＿＿＿＿円】に対する[□令和＿＿年＿＿月＿＿日
　　□本訴状送達の日の翌日]から支払済みまで年＿＿＿パーセントの割合による金員
2　訴訟費用は被告【□ら】の負担とする。
との判決【□及び仮執行宣言】を求める。

請　求　の　原　因（紛争の要点）

1　原告　　　　　は，被告　　　　　　に対し，令和＿＿年＿＿月＿＿日，以下記載
の条件で賃貸借契約を締結し，次の物件を引き渡した。
　　物件：所在＿＿＿＿＿＿＿＿＿＿＿＿＿＿＿＿＿＿＿＿＿＿＿＿＿
　　　　　名称＿＿＿＿＿＿＿＿＿＿＿＿＿＿＿＿＿＿＿＿＿＿＿＿＿

（1)契約期間　令和＿＿年＿＿月＿＿日から令和＿＿年＿＿月＿＿日まで
　　　　　【□以降，契約更新あり。更新後の契約終期は,[□令和＿＿年＿＿月＿＿日
　　　　　□法定更新のため定めなし]。】

（2)　賃料　月額＿＿＿＿＿＿＿円【□管理費等別途月額＿＿＿＿＿＿＿円】

（3)　支払日　毎月＿＿日限り[□翌月分　□当月分]払い

【□(4)　連帯保証人　被告＿＿＿＿＿（令和＿年＿月＿日付け保証を証する書面あり）】

　2　被告は，原告に対する賃料の支払いを令和＿＿年＿＿月分以降怠りはじめ
　令和＿＿年＿＿月分までその合計は，＿＿＿＿＿＿＿円となっている。

　3　よって，原告　は，被告【□ら】に対し，【□連帯して】＿＿＿＿＿＿円【□及び
遅延損害金】の支払を求める。

請 求 の 趣 旨【□前記記載のとおり】

1　被告　は，原告に対し，　　　　　次の金額を支払え。
　(1)　金＿＿＿＿＿＿＿＿＿円
□(2)　(1)の金額【□のうち金＿＿＿＿＿＿円】に対する[□ 令和 ＿＿年＿＿月＿＿日
　　□本訴状送達の日の翌日]から支払済みまで年＿＿＿＿パーセントの割合による金員
2　訴訟費用は被告　の負担とする。
との判決【□及び仮執行宣言】を求める。

請 求 の 原 因（紛争の要点）

1　被告　　　　　　は，下記マンションの区分所有者であり，原告は，そのマンション
　の[□管理組合　□管理者]である。

　　マンションの所在　＿＿＿＿＿＿＿＿＿＿＿＿＿＿＿＿＿＿＿＿
　　　　　　　名称　＿＿＿＿＿＿＿＿＿＿＿＿＿＿＿＿＿＿＿＿＿

2　規約　によると，管理費等の支払について，以下のように定められている。

　(1)　管理費等合計額　月額＿＿＿＿＿＿＿＿＿円
　　　　内訳　管理費　　　＿＿＿＿＿＿＿＿＿円
　　　　　　　修繕積立金＿＿＿＿＿＿＿＿＿円

　(2)　支払方法　毎月＿＿＿日限り[□翌　□当]月分払い
　(3)　遅延損害金[□年＿＿＿＿％　□定めなし　□　　　　　　　　　　　　]

3　本件管理費等について，被告　は，令和__年__月分【□から令和__年__月分まで】の
　[□全額　□一部]＿＿＿＿＿＿＿＿円（残元金）を滞納している。

【□また，未払残元金に対する[□法定利率　□約定]の割合による 令和 ＿＿年 ＿＿月
　＿＿日現在の確定した遅延損害金は，＿＿＿＿＿＿＿＿円になる。】

4　よって，原告は，被告　に対し，　　　　　未払金合計＿＿＿＿＿＿円【□及び残元
　金に対する完済までの遅延損害金】の支払を求める。

【定型訴状3の7】　敷金・保証金返還

請　求　の　趣　旨【□前記記載のとおり】

1　被告　は，原告　　に対し，　　　　次の金額を支払え。
　(1)　金＿＿＿＿＿＿＿＿＿円
□(2)　(1)の金額【□のうち金＿＿＿＿＿＿＿＿＿円】に対する【□令和＿＿＿年＿＿＿月＿＿＿日
　　　　□本訴状送達の日の翌日】から支払済みまで年＿＿＿パーセントの割合による金員
2　訴訟費用は被告　の負担とする。
との判決【□及び仮執行宣言】を求める。

請　求　の　原　因（紛争の要点）

1　原告　　　　は，被告　　　　　　と令和＿＿＿年＿＿＿月＿＿＿日締結した賃貸借契約に
　　際し，[□敷金　□保証金]として，金＿＿＿＿＿＿＿＿＿円を被告　に交付し，次の
　　物件の引渡しを受けた。
　　物件　　所在　＿＿＿＿＿＿＿＿＿＿＿＿＿＿＿＿＿＿＿＿＿＿＿＿＿＿
　　　　　　名称　＿＿＿＿＿＿＿＿＿＿＿＿＿＿＿＿＿＿＿＿＿＿＿＿＿＿

2　原告　は，被告　に対し，本件賃貸借契約終了により，令和＿＿＿年＿＿＿月＿＿＿日に，
　　上記物件を明け渡した。【□原告　が[□敷金　□保証金]から控除されるのを争わな
　　い額は，[□未払賃料　　　＿＿＿＿＿＿＿円]
　　　　　　　　　　[□原状回復費用＿＿＿＿＿＿＿円]，(□合計＿＿＿＿＿＿円)である。】
　　　　　　　　　　[□　　　　　　　　　　　円]

3　[□敷金]
　　[□保証金]の返還期限は，[□[□契約　□催告]により令和＿＿＿年＿＿＿月＿＿＿日]
　　　　　　　　　　　　　　[□本訴状送達による催告により，訴状送達日]
　　となるが，これまでに返還を受けた金額は[□ない　　□令和＿＿＿年＿＿＿月＿＿＿日に
　　＿＿＿＿＿＿＿＿＿円である]。

【□また，過払いの賃料（□管理費込，以下同じ）＿＿＿＿＿＿＿＿円が生じている。
　賃料は，月額＿＿＿＿＿＿＿＿円で，翌月分を当月＿＿＿＿＿日締で支払っていたため，
　退去時の令和＿＿＿年＿＿＿月分に過払いが生じたものである。】

4　よって，原告　は，被告　に対し，＿＿＿＿＿＿＿＿円【□及び遅延損害金】の支払
　　を求める。

請 求 の 趣 旨【□前記記載のとおり】

1　被告【□ら】は，原告　　　　に対し，【□連帯して】次の金額を支払え。
　(1)　金＿＿＿＿＿＿＿＿＿円
□(2)　(1)の金額【□のうち金＿＿＿＿＿＿＿円】に対する〔□令和＿＿年＿＿月＿＿日
　　　□本訴状送達の日の翌日〕から支払済みまで年＿＿＿パーセントの割合による金員
2　訴訟費用は被告【□ら】の負担とする。
との判決【□及び仮執行宣言】を求める。

請 求 の 原 因（紛争の要点）

1　原告　　　　　　は，被告　　　　　　に対し，令和＿＿年＿＿月＿＿日の入居から，
　令和＿＿年＿＿月＿＿日の退去まで，以下の物件を賃貸し使用させた。
　(1)　物件　　所在＿＿＿＿＿＿＿＿＿＿＿＿＿＿＿＿＿＿＿＿＿＿＿＿
　　　　　　　名称＿＿＿＿＿＿＿＿＿＿＿＿＿＿＿＿＿＿＿＿＿＿＿＿

　(2)　賃料　月額＿＿＿＿＿＿＿＿＿円【□管理費等，別途月額＿＿＿＿＿＿＿円】を，
　　　毎月＿＿日限り〔□翌　□当〕月分払い
【□(3)　連帯保証人　被告＿＿＿＿＿＿＿（令和＿＿年＿＿月＿＿日付け保証を証する書面あり）】

2　上記1(1)の物件明渡時に，原状回復費用として総額＿＿＿＿＿＿＿＿＿円の負担が生
　じているが，そのうち，経年劣化，通常の使用により生じた損傷部分を除いた，被告側
　の責めに帰すべき事由により生じた損傷部分の費用は，〔□以下　□別紙〕記載のとお
　り，合計＿＿＿＿＿＿＿＿円となる。

損傷部分	損害額（円）	具体的帰責事由（損傷の原因・具合等）

3　上記2について，原告　に支払われた金額は，〔□ない　□＿＿＿＿＿＿＿円である
　（□ただし，〔□敷金・保証金＿＿＿＿＿＿＿円　□過払賃料＿＿＿＿＿＿円〕の充
　当分を含む。）〕。

4　よって，原告　は，被告【□ら】に対し，【□連帯して】＿＿＿＿＿＿＿円【□及
　び遅延損害金】の支払を求める。

【定型訴状３の９】　請負代金・役務提供型売掛

請 求 の 趣 旨【□前記記載のとおり】

1　被告【□ら】は，原告　　　　に対し，【□連帯して】次の金額を支払え。
　(1)　金＿＿＿＿＿＿＿＿円
□(2)　(1)の金額【□のうち金＿＿＿＿＿＿＿円】に対する［□ 令和＿＿年＿＿月＿＿日
　　□本訴状送達の日の翌日］から支払済みまで年＿＿＿＿パーセントの割合による金員
2　訴訟費用は被告【□ら】の負担とする。
との判決【□及び仮執行宣言】を求める。

請 求 の 原 因 （紛争の要点）

1　原告　は，【□＿＿＿＿＿＿業を営む者であり】，被告　　　　と，令和＿＿年
　＿＿月＿＿日，以下の内容で契約を締結し【□以降，継続的に仕事（業務）を行う】た。
　(1)　仕事又は業務（以下，「仕事等」という。）の内容
　　　　被告　　　　から依頼（委託）された仕事等を［□完成（完了）させる　□行う］
　　旨の契約で，その具体的内容は，以下のとおりである。
　　［　　　　　　　　　　　　　　　　　　　　　　　　　　　　　　　　　　　］

　(2)　契約代金
　　［□【□総額　□月額】＿＿＿＿＿＿＿円　□別紙のとおり　□　　　　　　　　］
　(3)　支払期日
　　［□ 令和＿＿年＿＿月＿＿日　　　□定めなし　　　□別紙のとおり　　　　　　
　　□毎月＿＿日締切（□翌　□当）月＿＿日支払　　　□　　　　　　　　　　　　］
【□(4)　連帯保証人
　　　　被告　　　　は，令和＿年＿月＿日付け，保証を証する書面にて連帯保証した。】

　2　原告　は，上記1(1)の仕事等を，令和＿＿年＿＿月＿＿日【□から令和＿＿年＿＿月
　　＿＿日までの間】に［□完成（完了）させ【□完成物を引き渡し】た　□行った］。
　　その代金は，【□総額】＿＿＿＿＿＿＿＿＿円である（□詳細は別紙のとおり）。

　3　上記2の代金について，原告　に支払われた金額は，［□ない　□次のとおりである］。
　　□令和＿年＿月＿日【□から令和＿＿年＿＿月＿＿日までに】＿＿＿＿＿＿＿円

　4　よって，原告　は，被告【□ら】に対し，【□連帯して】＿＿＿＿＿＿＿円【□及び
　　遅延損害金】の支払を求める。

請 求 の 趣 旨【□前記記載のとおり】

1　被告　　は，原告　　　に対し，　　　　　　次の金額を支払え。
　(1)　金＿＿＿＿＿＿＿＿＿円
□(2)　(1)の金額【□のうち金＿＿＿＿＿＿＿円】に対する[□ 令和＿＿年＿＿月＿＿日
　　　□本訴状送達の日の翌日] から支払済みまで年＿＿＿＿パーセントの割合による金員
2　訴訟費用は被告　の負担とする。
との判決【□及び仮執行宣言】を求める。

請 求 の 原 因（紛争の要点）

1　被告　　　　　　　　は，次の業務を行う者である。
　業務内容＿＿＿＿＿＿＿＿＿＿＿＿＿＿＿＿＿＿＿＿＿＿＿＿＿＿＿＿＿＿＿

2　原告　　　　　　は，被告　と，令和＿＿年＿＿月＿＿日，以下の契約（□「＿＿＿
　　＿＿＿＿＿＿＿契約書」）を締結し，合計＿＿＿＿＿＿＿＿円を[□預託　□出資]した。
　(1)　契約の内容
　　[
　　□ゴルフ会員権による下記ゴルフ場等の利用契約
　　　所在＿＿＿＿＿＿＿＿＿＿＿＿＿＿＿＿名称＿＿＿＿＿＿＿＿＿＿＿＿＿
　　□被告の指定する施設等を利用できる会員契約
　　　会員名等＿＿＿＿＿＿＿＿＿＿＿＿＿＿＿＿＿＿＿＿＿＿＿＿＿＿＿
　　□
　　]

　(2)[□預託　□出資]金返還についての定め
　　　　返還についての定めは，[□以下のとおりである　□ない]。
　　[
　　□ 令和＿＿年＿＿月＿＿日満期
　　□退会（解約）通知をもって（通知日　令和＿＿年＿＿月＿＿日）
　　□
　　]

3　原告　には，被告　に返還を求める次の理由がある。
　[
　□上記2(2)の期日の到来
　□
　]

4　しかし，被告　が，原告　に返還した金額は[□ない　□＿＿＿＿＿＿円のみである]。

5　よって，原告　は，被告　に対し，　＿＿＿＿＿＿＿＿円【□及び遅延損害金】
　の支払を求める。

【定型訴状3の11】　不当利得（過払金）返還

請 求 の 趣 旨【□前記記載のとおり】

1　被告は，原告　　　　に対し，次の金額を支払え。
　(1)　金＿＿＿＿＿＿＿＿＿円

□(2)　(1)の金額【□のうち金＿＿＿＿＿＿＿＿円】に対する[□　令和＿＿年＿＿月＿＿日
　　□本訴状送達の日の翌日]から支払済みまで年＿＿パーセントの割合による金員
2　訴訟費用は被告の負担とする。
との判決【□及び仮執行宣言】を求める。

請 求 の 原 因 （紛争の要点）

1　原告　　　　　は，被告【□契約時商号＿＿＿＿＿＿＿＿＿＿＿】との間の
【□令和＿年＿月＿日付】金銭消費貸借契約に基づき，借入と弁済を繰り返し行ってきた
が，これを利息制限法に基づいて引直充当計算をすると，令和＿年＿月＿日現在，別紙
計算書のとおり，＿＿＿＿＿＿＿＿円の過払金（□内訳：過払元金＿＿＿＿＿＿＿円，
過払利息＿＿＿＿＿＿＿円）が発生する。

【□なお，被告は，貸金業者であり，利息制限法を超える金利で貸付をしていることを
　　知りながら返済を受けていた悪意の受益者であるので，上記過払元金に利息を付して
　　請求するものである。】

2　よって，原告　は，被告に対し，【□悪意の受益者に対する利息＿＿＿＿＿円を加えた】
　過払金＿＿＿＿＿＿円【□及び過払元金に対する遅延損害金】の支払を求める。

請 求 の 趣 旨【□前記記載のとおり】

1　被告【□ら】は，原告に対し，【□各自】次の金額を支払え。
　(1)　金＿＿＿＿＿＿＿＿＿＿円
□(2)　(1)の金額【□のうち金＿＿＿＿＿＿＿円】に対する［□ 令和＿＿年＿＿月＿＿日
　　　□本訴状送達の日の翌日］から支払済みまで年＿＿パーセントの割合による金員
2　訴訟費用は被告【□ら】の負担とする。
との判決【□及び仮執行宣言】を求める。

請 求 の 原 因（紛争の要点）

1　事故の発生
　　原告　　　　　　　　は，次の交通事故により，損害を受けた。
　(1)　発生日時　令和＿＿年＿＿月＿＿日［□午前　□午後］　＿＿時＿＿分頃
　(2)　発生場所　＿＿＿＿＿＿＿＿＿＿＿＿＿＿＿＿＿＿＿＿＿＿＿＿＿＿＿＿＿＿
　(3)　被告側車両　＿＿＿＿＿＿＿＿＿＿＿＿＿＿＿＿＿＿＿＿＿＿＿＿＿＿＿＿＿
　(4)　被告側車両運転者［□被告　　　　　　　　□訴外＿＿＿＿＿＿＿＿］
　(5)　被害を受けた対象
　　□物・・・原告　　　　　　　　　　が［□所有　　□使用］する
　　　　　　　　　　［□車両　＿＿＿＿＿＿＿＿＿＿＿＿＿＿＿＿＿＿＿＿＿］
　　　　　　　　　　［□　　　　　　　　　　　　　　　　　　　　　　　　　］
　　□人身・・［□原告側車両＿＿＿＿＿＿＿＿＿＿＿＿＿＿＿の［□運転者　□同乗者］
　　　　　　　［□歩行者　□　　　　　　　　　　　　　　　　　　　　　　　　　　］
　　　　　　の原告

　(6)　事故及び過失の態様　別紙事故発生状況説明図記載のとおり
　　【□なお，本件事故における過失割合は，被告側＿＿％，原告側＿＿％と考える。】

2　被告の責任
　［□被告　　　　　　　　は，上記1(6)記載のとおりの過失責任がある。
　　□被告　　　　　　　　は，被告側車両運転者の使用者であり，業務中の本件事故に
　　　ついて，使用者としての責任がある。
　　□人身事故部分について，被告　　　　　　　　は，被告側車両の保有者であり，運
　　　行供用者としての責任がある。

3　以下，本訴において，［□物損事故　□人身事故　□物損事故及び人身事故］につい
　ての損害賠償を請求する。

【定型訴状3の13】　損害賠償（暴行等）

請 求 の 趣 旨【□前記記載のとおり】

1　被告　は，原告　　に対し，　　　次の金額を支払え。
　(1)　金＿＿＿＿＿＿＿＿＿円
□(2)　(1)の金額【□のうち金＿＿＿＿＿＿＿円】に対する［□令和＿＿年＿＿月＿＿日
　　□本訴状送達の日の翌日］から支払済みまで年　パーセントの割合による金員
2　訴訟費用は被告　の負担とする。
との判決【□及び仮執行宣言】を求める。

請 求 の 原 因（紛争の要点）

1　原告　は，次の［□事件　□事故　□　　　］により，下記2で主張する損害を受けた。
　(1)　発生日時　令和＿＿年＿＿月＿＿日［□午前　□午後］＿＿時＿＿分頃
　(2)　発生場所　＿＿＿＿＿＿＿＿＿＿＿＿＿＿＿＿＿＿＿＿＿＿＿＿＿＿＿
　(3)　加害者　＿＿＿＿＿＿＿＿＿　(4)　被害者　＿＿＿＿＿＿＿＿＿＿＿＿
　(5)［□事件　□事故　□　　　］の態様
　　［□暴行　□傷害　□その他＿＿＿＿＿＿＿＿＿＿＿＿＿］
　　具体的態様　＿＿＿＿＿＿＿＿＿＿＿＿＿＿＿＿＿＿＿＿＿＿＿＿＿＿
　　　　　　　　＿＿＿＿＿＿＿＿＿＿＿＿＿＿＿＿＿＿＿＿＿＿＿＿＿＿

2　原告　は，上記1の［□事件　□事故　□　　　］により，合計＿＿＿＿＿＿＿円
の損害を受けた。
　（損害の内訳）　□治療費　＿＿＿＿＿＿＿円
　　　　　　　　　□

3　上記2の損害に対し，被告　から支払われた金額は，［□ない　□＿＿＿＿＿＿円
のみである］。

4　被告　が，損害を賠償する責任を負うのは，次の理由による。
　［□被告　　　　は，故意又は過失により，原告　　　　　　に損害を与えたため。
　　□

5　よって，原告　は，被告　に対し，＿＿＿＿＿＿＿円【□及び遅延損害金】
　の支払を求める。

請 求 の 趣 旨【□前記記載のとおり】

1　被告　は，原告　　に対し，　　　　次の金額を支払え。

　(1)　金＿＿＿＿＿＿＿＿円

□(2)　(1)の金額【□のうち金＿＿＿＿＿＿＿＿円】に対する〔□令和＿＿年＿＿月＿＿日
　　□本訴状送達の日の翌日〕から支払済みまで年　パーセントの割合による金員】

2　訴訟費用は被告　の負担とする。

との判決【□及び仮執行宣言】を求める。

請 求 の 原 因 （紛争の要点）

1　原告　　　は，令和＿＿年＿＿月＿＿日，〔□訴外　□被告〕＿＿＿＿＿＿＿＿と結婚
　し，【□以降，＿人の子をもうけ】結婚生活を送っていた。

2　被告　　　　は，〔□訴外　□共同被告〕である原告の配偶者と，〔□令和＿＿年
　＿＿月頃から　□時期は不明であるが〕交際を始め，以下の不貞行為を行った。
　┌具体的不貞行為の日時，内容等
　│
　│
　│
　└

3　原告　は，被告　の上記不貞行為により，家族生活を乱され，精神的苦痛を受けたの
　で，被告　に対し，　　　＿＿＿＿＿＿＿＿円　　の慰謝料
　　　　　　　　　　　　　　　　【□及び遅延損害金】の支払いを求める。

— 145 —

【定型訴状3の15】　賃金

請 求 の 趣 旨【□前記記載のとおり】

1　被告は，原告に対し，次の金額を支払え。
　(1)　金＿＿＿＿＿＿＿円
□(2)　(1)の金額【□のうち金＿＿＿＿＿＿＿円】に対する，令和＿＿年＿＿月＿＿日
　　から支払済みまで年＿＿＿パーセントの割合による金員
2　訴訟費用は被告の負担とする。
との判決【□及び仮執行宣言】を求める。

請 求 の 原 因（紛争の要点）

1　原告は，令和令和年＿＿月＿＿日から［□現在　　□令和＿＿年＿＿月＿＿日］まで
　被告に雇用され，仕事（＿＿＿＿＿＿＿＿＿＿＿＿＿＿＿＿＿＿＿＿＿）に従事した。

2　当事者間の給与に関する定めは，以下のとおりである。
　　［□月給　□日給　□時給　□　　　　　］＿＿＿＿＿＿＿＿＿＿円（□基本給）
　　【□別途各種諸手当あり［□月額＿＿＿＿＿円　□日額＿＿＿＿＿円　□変動額］】
　　給与は，［□毎月＿＿＿＿日締め＿＿＿＿＿日払い　□　　　　　　］で支給される。

3　被告は，原告に対して，以下の未払賃金がある。
　　［□令和＿＿年＿＿月分【□～令和＿＿年＿＿月分】　　　　　］の【□時間外手当のみの】
　　［□令和＿＿年＿＿月＿＿日【□～令和＿＿年＿＿月＿＿日】］
　　［□全部　□一部］＿＿＿＿＿＿＿＿＿円　（□詳細別紙　　□証拠の明細参照）

4　よって，原告は，被告に対し，＿＿＿＿＿＿＿円【□及び遅延損害金】の支払を求める。

請 求 の 趣 旨【□前記記載のとおり】

1　被告は，原告に対し，次の金額を支払え。

（1）金＿＿＿＿＿＿＿＿＿円

□(2)　(1)の金額【□のうち金＿＿＿＿＿＿＿＿＿円】に対する，令和＿＿＿年＿＿＿月＿＿＿日

　　　から支払済みまで年＿＿＿＿＿パーセントの割合による金員

2　訴訟費用は被告の負担とする。

との判決【□及び仮執行宣言】を求める。

請 求 の 原 因（紛争の要点）

1　原告は，令和＿＿＿年＿＿＿月＿＿＿日から［□現在　　□令和＿＿＿年＿＿＿月＿＿＿日］まで

　　被告に雇用され，仕事（＿＿＿＿＿＿＿＿＿＿＿＿＿＿＿＿＿＿＿＿＿＿＿＿＿）に従事した。

2　当事者間の雇用条件は，以下のとおりである。

　（1）給与の定め

　　　［□月給　□日給　□時給　□　　　］＿＿＿＿＿＿＿＿＿＿＿円（□基本給）

　　　【□別途各種諸手当あり［□月額＿＿＿＿＿円　□日額＿＿＿＿＿円　□変動額］】

　　　給与は，［□毎月＿＿＿＿日締め＿＿＿＿＿日払い　□　　　　　　　　　　］で支給される。

【□(2)　賞与の定め

　　　［□年＿＿＿回（＿＿月＿＿日＿＿ヶ月分，＿＿月＿＿日＿＿ヶ月分）

　　　□　　　　　　　　　　　　　　　　　　　　　　　　　　　　　　　　　　　支給される。】

【□(3)　退職金の定め

　　　［□退職金規程　□会社の慣習　□　　　　　　　］により，以下の条件で支給される。

　　　支給条件［　　　　　　　　　　　　　　　　　　　　　　　　　　　　　　　　　］】

3　被告は，原告に対して，以下の未払いがある。

　　□賃金［□令和＿＿年＿＿月分【□～令和＿＿年＿＿月分】

　　　　　　□令和＿＿年＿＿月＿＿日【□～令和＿＿年＿＿月＿＿日】］の【□時間外手当のみの】

　　　［□全部　□一部］＿＿＿＿＿＿＿＿＿円（□詳細別紙　　□証拠の明細参照）

　　□賞与　令和＿＿＿年＿＿＿月分【□～令和＿＿＿年＿＿＿月分】＿＿＿＿＿＿＿＿＿円

　　　　　　　（□詳細別紙　　□証拠の明細参照）

　　□退職金＿＿＿＿＿＿＿＿＿＿＿円

4　よって，原告は，被告に対し，＿＿＿＿＿＿＿＿＿円【□及び遅延損害金】の支払を求める。

【定型訴状3の17】　解雇予告手当

請 求 の 趣 旨【□前記記載のとおり】

1　被告は，原告に対し，次の金額を支払え。
　(1)　金＿＿＿＿＿＿＿＿＿円
□(2)　(1)の金額【□のうち金＿＿＿＿＿＿＿円】に対する[□ 令和＿＿年＿＿月＿＿日
　　　□本訴状送達の日の翌日]から支払済みまで年＿＿パーセントの割合による金員
2　訴訟費用は被告の負担とする。

との判決【□及び仮執行宣言】を求める。

請 求 の 原 因 （紛争の要点）

1　原告は，被告に　令和＿＿＿＿年＿＿＿＿月＿＿＿＿日雇用され，仕事（＿＿＿＿＿＿
＿＿＿＿＿＿＿）をしていたが，　令和＿＿＿＿年＿＿＿月＿＿＿＿日に解雇を通告され，
[□即日　□令和＿＿年＿＿月＿＿日]解雇された。
2　支払われるべき解雇予告手当金は以下のとおりとなる。
　(1)　賃金の支払条件

　　賃金締切日　[□＿＿＿＿日締め / □無]　の　[□[□当 □翌]月＿＿日払い / □不定期払い]　で，

　　賃金額　[□月給 □日給 □時給 / □歩合給 □]　【□約】＿＿＿＿＿＿＿円であった。

　(2)　平均賃金額（□最低保障賃金額を適用，以下同じ）の算出
　　本件において，平均賃金算定期間は，　令和＿＿＿＿年＿＿＿＿月＿＿＿＿日から，令和
　　＿＿＿＿年＿＿＿月＿＿＿＿日までの　[□暦日 / □実働]　a…＿＿＿＿＿日間であり，その期間に
　　[□支払われた / □支払われるべき]　賃金総額は，b…＿＿＿＿＿＿＿＿＿円である。よって，
　　平均賃金は，b÷a【□×60/100】＝c…＿＿＿＿＿＿円＿＿＿＿銭（以下切捨）となる。
　(3)　解雇予告手当金の算出
　　解雇通告日から解雇日までは，d…＿＿＿＿＿日であり，支払われるべき解雇予告手当金
　　は，c×（30−d）＝＿＿＿＿＿＿＿＿＿円（円未満四捨五入）となる。

3　よって，原告は，被告に対し，＿＿＿＿＿＿＿＿＿円【□及び遅延損害金】
　　　　　　　　　　　　　　　　　　　　　　　　　の支払を求める。

【訴状訂正申立書】

事件番号　令和　年（少コ）第　　号　　　　　　請求事件
原告

被告

訴状訂正申立書

簡易裁判所民事第　室　係　御中

令和　年　月　日

原告　　　　　　　　　　　　　印

訴状記載の
□ 当事者の表示

□ 請求の趣旨

□ 請求の原因

を別紙のとおり訂正します。

【答弁書】

〇〇簡易裁判所　御中
事件番号　令和〇年（少コ）第〇〇号
事 件 名　〇〇〇〇請求事件
原　　告　〇〇〇〇
被　　告　〇〇〇〇

答　　弁　　書

令和　　年　　月　　日

住所　〒

氏名（会社の場合は，会社名・代表者名まで記入してください。）

印

　　　電話番号（　　　）　　　－　　　　　ＦＡＸ（　　　）　　　－
1　書類の送達場所の届出（□にレ点を付けてください。）
　　私に対する書類は，次の場所宛に送ってください。
　　□　上記の場所（アパートやマンションの場合は，棟・号室まで記入のこと。）
　　□　上記の場所以外の下記場所（勤務先の場合は，会社名も記入のこと。）
住所　〒

　　　電話番号（　　　）　　　－　　　　　ＦＡＸ（　　　）　　　－
　　この場所は，□勤務先，□営業所，□その他（私との関係は　　　　　　）です。
2　送達受取人の届出（希望者のみ）
　　私に対する書類は，（氏名）　　　　　　　　　　　　　　宛に送ってください。
3　請求に対する答弁（□にレ点を付けてください。）
　　訴状（支払督促申立書）の請求の原因（紛争の要点）に書かれた事実について，
　□　認めます。
　□　間違っている部分があります。

　□　知らない部分があります。

4　私の言い分（□にレ点を付けてください。）
　　□　私の言い分は次のとおりです。

　　□　話し合いによる解決（和解）を希望します。
　　　□　分割払いを希望します。
　　　　令和　　年　　月から，毎月　　日までに金　　　　　　円ずつ支払う。
　　　□　その他の案

（※枠内に納まらない場合は，別の用紙を利用し，この用紙に添付してください。）

第３編　少額訴訟債権執行

第 1 章　少額訴訟債権執行

第1　少額訴訟債権執行制度

1　少額訴訟債権執行制度の意義

　　少額訴訟債権執行制度は，民訴法368条以下に定められた少額訴訟で債務名義を取得した債権者が，これに基づいて強制執行の申立てをする場合には，金銭債権に対する強制執行に限り，簡易裁判所において債権執行の手続を行うことができることとしたものである。

2　適用法令

　　少額訴訟手続に対応する執行手続を定めているのは，民事執行法167条の2〜同条の14，民事執行規則149条の3〜150条である。

3　地方裁判所の債権執行手続と簡易裁判所の少額訴訟債権執行手続

	地方裁判所における債権執行	少額訴訟債権執行
申立てができる債務名義	すべての債務名義 （少額訴訟に係る債務名義も含む）	少額訴訟に係る債務名義のみ
差押えの対象となる財産権	金銭債権，動産等の引渡請求権，その他の財産権	金銭債権のみ
管轄，申立先	1次的には債務者の普通裁判籍の所在地を管轄する地方裁判所 2次的には差し押さえるべき債権の所在地を管轄する地方裁判所	債務名義を作成した簡易裁判所の裁判所書記官

(1)　移行

　　債権者が転付命令等の換価手続を求めた場合や配当が必要になった場合等には，地方裁判所における通常の債権執行手続に移行させることになる。(後記176頁)

(2)　地方裁判所の債権執行手続との関係

　　少額訴訟債権執行を利用できる場合であっても，地方裁判所における通常の債権執行手続を利用することもできる。

第2　少額訴訟債権執行の申立て

1　少額訴訟債権執行の開始等
(1)　債務名義の種類

> 　　次に掲げる少額訴訟に係る債務名義による金銭債権に対する強制執行は，前目の定めるところにより裁判所が行うほか，第2条の規定にかかわらず，申立てにより，この目の定めるところにより裁判所書記官が行う。
> 一　少額訴訟における確定判決
> 二　仮執行の宣言を付した少額訴訟の判決
> 三　少額訴訟における訴訟費用又は和解の費用の負担の額を定める裁判所書記官の処分
> 四　少額訴訟における和解又は認諾の調書
> 五　少額訴訟における民事訴訟法第275条の2第1項の規定による和解に代わる決定　　　　　　　　（民執法167条の2第1項）

ア　申立てができる債務名義

　　少額訴訟債権執行を利用することができる債務名義は，少額訴訟に係るものに限定されている。

　　上記の債務名義のうち，三，四及び五については，単純執行文が必要である。

　　少額訴訟債権執行は，少額訴訟における判決や和解調書などの債務名義に基づく強制執行であり，地方裁判所の判決や家庭裁判所の審判，簡易裁判所の通常訴訟における判決や和解調書等，少額訴訟以外の手続で作成された債務名義に基づいて強制執行をする場合には，簡易裁判所ではなく，地方裁判所に申し立てることになる。

　　少額訴訟で提起した場合でも，通常訴訟手続に移行した後の判決や和解調書等については，少額訴訟債権執行の手続を利用することはできない。

　　少額訴訟手続においてなされた民事調停法17条の決定（調停に代わる決

定）についても，少額訴訟債権執行の手続を利用することはできない。

　イ　申立てができない債務名義の場合

　　少額訴訟債権執行を申し立てることができない債務名義に基づいて申立てがされた場合には，申立てを却下することになる。

　　「本件少額訴訟債権執行の申立てを却下する。」

(2)　差押えの対象

　ア　差押えの対象となる金銭債権

　　少額訴訟債権執行の手続において，差押えの対象とすることができるのは，金銭の支払を目的とする債権（金銭債権）に限られる。したがって，不動産，船舶及び動産等の債権以外の財産権を対象とすることはできないし，債権であっても電話加入権等，金銭債権以外の請求を内容とするものは，少額訴訟債権執行の対象とすることはできない。

　(ア)　少額訴訟債権執行に向いている金銭債権

　　金銭債権のうち，預貯金，給料，賃料，敷金等についての金銭債権は，差押えの対象とな債権の特定を比較的定型的・単純に行うことができるため，少額訴訟債権執行の対象として向いている。

　(イ)　それ以外の金銭債権

　　差押債権が上記４種類以外の金銭債権である場合は，実務の運用として，地方裁判所に申し立てられることが多い。

　イ　差押禁止債権

　　差押禁止債権について，民執法167条の14により同152条が準用されている（後記184頁）。

　　次に掲げる債権については，その支払期に受けるべき給付の４分の３に相当する部分（その額が標準的な世帯の必要生計費を勘案して政令で定める額を超えるときは，政令で定める額に相当する部分）は，差し押さえてはならない。

　一　債務者が国及び地方公共団体以外の者から生計を維持するために支給を受ける継続的給付に係る債権

　二　給料，賃金，俸給，退職年金及び賞与並びにこれらの性質を有する給与に係る債権　　　　　　　　　　　　　　（民執法152条１項）

【判例㊾】債務者が受給した年金を金融機関に預け入れている場合に，原資が年金であることの識別，特定が可能であるときは，隠匿された別の財産の

存在が証明されない限り，預金債権に対する差押えは禁止される。（東京地判平15・5・28金融法務1687号44頁，金融商事1190号54頁）

　ウ　超過差押えの禁止

　　差押えの範囲について，民執法167条の14により同146条が準用されている。（後記184頁）

> 　差し押さえた債権の価額が差押債権者の債権及び執行費用の額を超えるときは，執行裁判所は，他の債権を差し押さえてはならない。
>
> （民執法146条2項）

(3)　裁判所書記官の差押処分による開始

> 　前項の規定により裁判所書記官が行う同項の強制執行（以下この目において「少額訴訟債権執行」という。）は，裁判所書記官の差押処分により開始する。　　　　　　　　　　　　　　　（民執法167条の2第2項）

　裁判所書記官は，申立てが要件を充足していると認めるときは，差押処分を発する。これによって少額訴訟債権執行が開始される。

(4)　申立書の記載事項及び添付書類

　ア　申立書

　　少額訴訟債権執行の申立書は，申立書本体，当事者目録，請求債権目録及び差押債権目録からなる（後記187頁）。

> 　強制執行の申立書には，次に掲げる事項を記載し，執行力のある債務名義の正本を添付しなければならない。
> 一　債権者及び債務者の氏名又は名称及び住所並びに代理人の氏名及び住所
> 二　債務名義の表示
> 三　第五号に規定する場合を除き，強制執行の目的とする財産の表示及び求める強制執行の方法
> 四　金銭の支払を命ずる債務名義に係る請求権の一部について強制執行を求めるときは，その旨及びその範囲
> 五　民法第414条第2項本文又は第3項に規定する請求に係る強制執行を求めるときは，求める裁判　　　　　（民執規則21条）

イ　申立書の記載事項

　　申立書の記載事項について，民執規則150条により同133条が準用される。（後記184頁）

> 　前項の申立書に強制執行の目的とする財産を表示するときは，差し押さえるべき債権の種類及び額その他の債権を特定するに足りる事項並びに債権の一部を差し押さえる場合にあつては，その範囲を明らかにしなければならない。　　　　　　　　　　　　（民執規則133条2項）

ウ　添付書類

　(ア)　執行力のある債務名義の正本（民執規則21条柱書）

　　　少額訴訟判決が異議の申立てがなく確定した場合，少額訴訟判決正本のほかに執行力が生じていることを確認する書面として確定証明書が必要である。

　　　少額異議判決において少額訴訟判決が認可された場合，少額訴訟判決正本のほかに少額異議判決正本が必要である。

　(イ)　債務名義正本又は謄本の送達証明書（民執法29条）

　(ウ)　債権者，債務者及び第三債務者の資格証明書等

【少額訴訟債権執行申立書】

少額訴訟債権執行申立書

○○簡易裁判所　裁判所書記官　殿

令和○年○○月○○日
　　　　　　申立債権者　○　○　○　○　　（印）
　　　　　　　　電話
　　　　　　　　ＦＡＸ

　　　　　当 事 者
　　　　　請求債権　　　　別紙目録記載のとおり
　　　　　差押債権

　債権者は，債務者に対し，別紙請求債権目録記載の少額訴訟に係る債務名義の正本に表示された請求債権を有しているが，債務者がその支払をしないので，債務者が第三債務者に対して有する別紙差押債権目録記載の債権の差押処分を求める。
　　□　陳述催告の申立て（民事執行法第167条の14，同法第147条1項）

　添付書類
1　少額訴訟に係る債務名義の正本　　　　　通
2　同送達証明書　　　　　　　　　　　　　通
3　資格証明書　　　　　　　　　　　　　　通

(5)　申立先

> 　少額訴訟債権執行の申立ては，次の各号に掲げる債務名義の区分に応じ，それぞれ当該各号に定める簡易裁判所の裁判所書記官に対してする。
> 一　第1項第1号に掲げる債務名義　同号の判決をした簡易裁判所
> 二　第1項第2号に掲げる債務名義　同号の判決をした簡易裁判所
> 三　第1項第3号に掲げる債務名義　同号の処分をした裁判所書記官の所属する簡易裁判所
> 四　第1項第4号に掲げる債務名義　同号の和解が成立し，又は同号の認諾がされた簡易裁判所
> 五　第1項第5号に掲げる債務名義　同号の和解に代わる決定をした簡易裁判所　　　　　　　　　　　　　　（民執法167条の2第3項）

　申立先を誤って申立書が提出された場合，民訴法16条（管轄違いの場合の取扱い）の準用はなく，移送はできない。申立先を誤って申し立てた場合には，申立てを却下することになる。

(6)　執行裁判所に関する規定の準用

> 　第144条第3項及び第4項の規定は，差押えに係る金銭債権（差押処分により差し押さえられた金銭債権に限る。）について更に差押処分がされた場合について準用する。この場合において，同条第3項中「差押命令を発した執行裁判所」とあるのは「差押処分をした裁判所書記官の所属する簡易裁判所」と，「執行裁判所は」とあるのは「裁判所書記官は」と，「他の執行裁判所」とあるのは「他の簡易裁判所の裁判所書記官」と，同条第4項中「決定」とあるのは「裁判所書記官の処分」と読み替えるものとする。　　　　　　　　　　　　　　　　　（同第4項）

2　執行裁判所

> 　少額訴訟債権執行の手続において裁判所書記官が行う執行処分に関しては，その裁判所書記官の所属する簡易裁判所をもつて執行裁判所とする。　　　　　　　　　　　　　　　　　　　　　　（民執法167条の３）

(1)　裁判所書記官所属の簡易裁判所

　　少額訴訟債権執行において，裁判所書記官の執行処分に対する執行異議の申立てについての裁判（民執法167条の４第２項）や差押禁止債権の範囲の変更の裁判（民執法167条の８，後記169頁）等，裁判所が関与する場合があることから，少額訴訟債権執行を行う裁判所書記官の所属する簡易裁判所を執行裁判所とすることとされた。

(2)　専属管轄

> 　この法律に規定する裁判所の管轄は，専属とする。　　（民執法19条）

3　裁判所書記官の執行処分の効力等

(1)　執行処分の効力発生時期

> 　少額訴訟債権執行の手続において裁判所書記官が行う執行処分は，特別の定めがある場合を除き，相当と認める方法で告知することによつて，その効力を生ずる。　　　　　　　　　　（民執法167条の４第１項）

(2)　執行処分に対する執行異議

> 　前項に規定する裁判所書記官が行う執行処分に対しては，執行裁判所に執行異議を申し立てることができる。　　　　　　　　（同第２項）

　　少額訴訟債権執行における裁判所書記官の執行処分に不服がある場合は，通常の債権執行の場合と同様に，執行裁判所に対し執行異議を申し立てることができる。

(3)　執行異議の裁判が効力を生ずるまでの処置

> 　第10条第6項前段及び第9項の規定は，前項の規定による執行異議の
> 申立てがあつた場合について準用する。　　　　　　　　（同第3項）

　執行異議の申立てを受けた執行裁判所は，職権で，執行異議の裁判が確定するまでの間，少額訴訟債権執行の手続の停止等を命ずることができる。

ア　執行停止

> 　抗告裁判所は，執行抗告についての裁判が効力を生ずるまでの間，
> 担保を立てさせ，若しくは立てさせないで原裁判の執行の停止若しく
> は民事執行の手続の全部若しくは一部の停止を命じ，又は担保を立て
> させてこれらの続行を命ずることができる。（民執法10条6項前段）

イ　不服申立て

> 　第6項の規定による決定に対しては，不服を申し立てることができ
> ない。　　　　　　　　　　　　　　　　　　　　　　　（同条9項）

第2章　差押処分

第1　差押処分

1　差押処分の発令手続

(1)　差押えの内容

少額訴訟債権執行における差押処分は，金銭債権に対する差押処分の発令及び弁済金交付（後記172頁）に限られている。

> 　裁判所書記官は，差押処分において，債務者に対し金銭債権の取立てその他の処分を禁止し，かつ，第三債務者に対し債務者への弁済を禁止しなければならない。　　　　　　　　　　　　　　（民執法167条の5第1項）

(2)　差押えの効力

差押えの効力として，債務者は金銭債権の取立て，譲渡，質入れ等の処分が禁止される。禁止に違反してなされた処分行為は，差押債権者に対抗できない。

(3)　差押処分の発令手続

> 　第145条第2項，第3項，第5項，第7項及び第8項の規定は差押処分について，同条第4項の規定は差押処分を送達する場合について，それぞれ準用する。この場合において，同項中「第153条第1項又は第2項」とあるのは「第167条の8第1項又は第2項」と，同条第7項及び第8項中「執行裁判所」とあるのは「裁判所書記官」と読み替えるものとする。　　　　　　　　　　　　　　　　　　　　　　　　（同第2項）

ア　審尋の禁止

処分に際して通常は申立人を審尋せず，債務者と第三債務者に対する審尋は禁止されている。（民執法145条2項の準用）

> 差押命令は，債務者及び第三債務者を審尋しないで発する。
>
> 　　　　　　　　　　　　　　　　　　　　　（民執法145条2項）

　差押処分が，債務者及び第三債務者を審尋しないで発せられることにより，裁判所書記官は，差し押さえるべき債権の存否，その帰属，債権の額について判断することはできず，申立債権者の主張するとおりの債務者の第三債務者に対する債権が存在するものとして，被差押債権が差押禁止（民執法152条1項，前記155頁）又は制限に当たるかどうか，超過差押禁止（民執法146条2項，前記156頁）に触れないかなどを判断して，差押処分の許否を決めることになる。

イ　差押処分の効力発生時期

> 差押えの効力は，差押命令が第三債務者に送達された時に生ずる。
>
> 　　　　　　　　　　　　　　　　　　　　　　　（同条5項）

【債権差押処分】

令和〇年（少ル）第〇〇号
（申立日　令和〇年〇月〇日）

債　権　差　押　処　分

当 事 者　別紙当事者目録記載のとおり
請求債権　別紙請求債権目録記載のとおり

1　債権者の申立てにより，上記請求債権の弁済に充てるため，別紙請求債権目録
　記載の執行力のある債務名義の正本に基づき，債務者が第三債務者に対して有す
　る別紙差押債権目録記載の債権を差し押さえる。
2　債務者は，前項により差し押さえられた債権について，取立てその他の処分を
　してはならない。
3　第三債務者は，第1項により差し押さえられた債権について，債務者に対し，
　弁済をしてはならない。

　　　令和〇年〇月〇〇日
　　　　〇〇簡易裁判所
　　　　　　裁判所書記官　〇　〇　〇　〇

　　　これは正本である。
　　　　令和〇年〇月〇〇日
　　　　　　〇〇簡易裁判所
　　　　　　　　裁判所書記官　〇　〇　〇　〇

2　差押処分の原本及び送達
(1)　差押処分の原本への記名押印

> 　差押処分の原本には，当該差押処分をした裁判所書記官が記名押印
> しなければならない。　　　　　　　　　（民執規則149条の4第1項）

(2)　差押処分の送達
ア　送達の対象
　差押処分は，債務者及び第三債務者に送達しなければならない（民執法
167条の5第2項で準用する145条3項）。

> 　差押命令は，債務者及び第三債務者に送達しなければならない。
> 　　　　　　　　　　　　　　　　　　　　　　　（民執法145条3項）

イ　差押処分の送達の通知
　差押処分が債務者及び第三債務者に送達されたときは，裁判所書記官
は，取立権を行使できることを明らかにするために，差押債権者に対し，
その旨及び送達の年月日を通知しなければならない。（民執規則150条で準
用する134条）。

> 　差押命令が債務者及び第三債務者に送達されたときは，裁判所書記
> 官は，差押債権者に対し，その旨及び送達の年月日を通知しなければ
> ならない。　　　　　　　　　　　　　　　　　（民執規則134条）

ウ　債務者に対する教示

> 　裁判所書記官は，差押命令を送達するに際し，債務者に対し，最高
> 裁判所規則で定めるところにより，第153条第1項又は第2項の規定
> による当該差押命令の取消しの申立てをすることができる旨その他
> 最高裁判所規則で定める事項を教示しなければならない。
> 　　　　　　　　　　　　　　　　　　　　　　（民執法145条4項）

エ　正本による送達

> 差押処分の債務者及び第三債務者に対する送達は，その正本によつ
> てする。　　　　　　　　　　　　　　　　（民執規則149条の4第2項）

3　裁判所書記官の執行処分を告知すべき者の範囲等
(1)　告知すべき者の範囲
ア　両当事者に告知する場合

> 少額訴訟債権執行の手続において裁判所書記官が行う執行処分の
> うち，次に掲げるものは，少額訴訟債権執行の申立人及び相手方に対
> して告知しなければなら ない。
> 一　移送の処分
> 二　少額訴訟債権執行の手続を取り消す旨の処分
> 　　　　　　　　　　　　　　　　（民執規則149条の3第1項）

イ　申立人のみに告知する場合

> 少額訴訟債権執行の手続において裁判所書記官が行う執行処分の
> うち，前項各号に掲げるもの以外のもので申立てに係るものは，その
> 申立人に対して告知しなければならない。　　　　　　　（同第2項）

ウ　執行処分を告知した場合の措置

> 裁判所書記官は，少額訴訟債権執行の手続における執行処分の告知
> をしたときは，その旨及び告知の方法を事件の記録上明らかにしなけ
> ればならない。　　　　　　　　　　　　　　　　　　　（同第3項）

(2)　執行異議の申立期間

> 差押処分の申立てについての裁判所書記官の処分に対する執行異議
> の申立ては，その告知を受けた日から1週間の不変期間内にしなければ
> ならない。　　　　　　　　　　　　　　　　　（民執法167条の5第3項）

(3)　執行抗告

> 　前項の執行異議の申立てについての裁判に対しては，執行抗告をすることができる。　　　　　　　　　　　　　　　　　　　　（同第4項）

(4)　差押処分の申立てについての裁判所書記官の処分についての更正処分

> 　民事訴訟法第74条第1項の規定は，差押処分の申立てについての裁判所書記官の処分について準用する。この場合においては，前2項及び同条第3項の規定を準用する。　　　　　　　　　　　　（同第5項）

(5)　執行異議の申立期間

> 　第2項において読み替えて準用する第145条第8項の規定による裁判所書記官の処分に対する執行異議の申立ては，その告知を受けた日から1週間の不変期間内にしなければならない。　　　　　　（同第6項）

(6)　執行抗告

> 　前項の執行異議の申立てを却下する裁判に対しては，執行抗告をすることができる。　　　　　　　　　　　　　　　　　　　　（同第7項）

(7)　裁判所書記官の処分の効力発生時期

> 　第2項において読み替えて準用する第145条第8項の規定による裁判所書記官の処分は，確定しなければその効力を生じない。（同第8項）

4　費用の予納等
(1)　費用の予納処分と少額訴訟債権執行の申立て

> 　少額訴訟債権執行についての第14条第1項及び第4項の規定の適用については，これらの規定中「執行裁判所」とあるのは，「裁判所書記官」とする。　　　　　　　　　　　　　　　（民執法167条の6第1項）

　ア　執行費用の予納

> 　裁判所書記官に対し民事執行の申立てをするときは，申立人は，民事執行の手続に必要な費用として裁判所書記官の定める金額を予納しなければならない。予納した費用が不足する場合において，裁判所書記官が相当の期間を定めてその不足する費用の予納を命じたときも，同様とする。　　　　　　　　　　（読替え後の民執法14条1項）

　イ　申立ての却下，取消し

> 　申立人が費用を予納しないときは，裁判所書記官は，民事執行の申立てを却下し，又は民事執行の手続を取り消すことができる。
> 　　　　　　　　　　　　　　　　　　　　　　　　（読替え後の同条4項）

(2)　費用予納処分に対する不服申立ての規定の不適用

> 　第14条第2項及び第3項の規定は，前項の規定により読み替えて適用する同条第1項の規定による裁判所書記官の処分については，適用しない。　　　　　　　　　　　　　　　　　　　　　（民執法167条の6第2項）

(3)　申立て却下等に対する執行異議

> 　第1項の規定により読み替えて適用する第14条第4項の規定による裁判所書記官の処分に対する執行異議の申立ては，その告知を受けた日から1週間の不変期間内にしなければならない。　　　　　（同第3項）

(4)　執行抗告

> 　前項の執行異議の申立てを却下する裁判に対しては，執行抗告をすることができる。　　　　　　　　　　　　　　　　　　　　　（同第4項）

　3項の執行異議の申立てを認めて処分を取り消す決定に対しては，執行抗告をすることはできない。

(5)　少額訴訟債権執行の手続を取り消す処分の効力発生時期

> 　第1項の規定により読み替えて適用する第14条第4項の規定により少額訴訟債権執行の手続を取り消す旨の裁判所書記官の処分は，確定しなければその効力を生じない。　　　　　　　　　　　　　　（同第5項）

5　第三者異議の訴えの管轄裁判所

> 　少額訴訟債権執行の不許を求める第三者異議の訴えは，第38条第3項の規定にかかわらず，執行裁判所の所在地を管轄する地方裁判所が管轄する。　　　　　　　　　　　　　　　　　　　　　　（民執法167条の7）

　民執法38条3項では，第三者異議の訴えは，執行裁判所の専属管轄とされているが，少額訴訟債権執行の不許を求める第三者異議の訴えの管轄裁判所については，少額訴訟債権執行の執行裁判所である簡易裁判所ではなく，執行裁判所の所在地を管轄する地方裁判所とされている。

第2　差押禁止債権の範囲の変更

1　申立てによる債権差押えの範囲の変更

> 　執行裁判所は，申立てにより，債務者及び債権者の生活の状況その他の事情を考慮して，差押処分の全部若しくは一部を取り消し，又は第167条の14第1項において準用する第152条の規定により差し押さえてはならない金銭債権の部分について差押処分をすべき旨を命ずることができる。　　　　　　　　　　　　　　　　　　　（民執法167条の8第1項）

　執行裁判所は，債務者又は債権者の申立てにより，差押処分の全部若しくは一部の取消し（範囲の減縮）又は差押禁止範囲の変更（範囲の拡張）をすべき旨を命ずることができる。

【差押範囲変更（減縮）申立書】

差押範囲変更（減縮）申立書

○○簡易裁判所　御中

　　　令和○年○月○○日

　　　　　　申立人（債務者）　　　　　　　　　　　　　　印

　　　　　　　　電話　　　　　―　　　―

　　　　　　　　ＦＡＸ　　　―　　　―

　　債　権　者

　　債　務　者

1　申立ての趣旨

　　　上記当事者間の御庁令和　年（少ル）第　　　号債権差押処分申立事件の第三債務者　　　　　　　　　　　（　　　　　扱い）に対する債権差押処分について，

　　□　差押えを取り消す。

　　□　金　　　　　　　　円を超える部分を取り消す。

　　□　給料・賞与・退職金の差押範囲を各　　分の　　に変更する。

　　□　別紙差押債権目録記載の範囲に変更する。

との裁判を求める。

　　□　本申立てに対する裁判が効力を生ずるまでの間，第三債務者に対し，支払その他の給付を禁止することを命ずる旨の決定をされたい。

　　（該当する□にレ印を記入してください。）

2　申立ての理由

_____

_____

_____

_____

添付書類（該当する□にレ印を記入してください。）

□　公的扶助（生活保護・年金等）受給証明書

□　給与明細書（申立前 2 か月分）

□　源泉徴収票（最新のもの）

□　課税証明書（非課税証明書）（最新のもの）

□　確定申告書（税務署の受領印のある最新のもの）

□　預金・貯金の各通帳のコピー（過去 1 年分の取引明細が分かるもの）

□　世帯全員及び同居者全員の住民票（申立前 3 か月以内に取得したもの）

□　陳述書（申立人の印鑑を押したもの）

□　家計票（申立前 2 か月分）

□　上記の各添付書類のコピー（各 2 通）

□　申立書副本（申立人の印鑑を押したもの）

2　事情変更による差押処分及び差押処分の取消し

> 事情の変更があつたときは，執行裁判所は，申立てにより，前項の規定により差押処分が取り消された金銭債権について差押処分をすべき旨を命じ，又は同項の規定によりされた差押処分の全部若しくは一部を取り消すことができる。　　　　　　　　　　　　　　（民執法167条の8第2項）

　事情変更があったときは，執行裁判所は，1項の規定によりされた差押処分を変更することができる。

(1)　差押禁止債権の範囲の変更規定の準用と読替え

> 第153条第3項から第5項までの規定は，前2項の申立てがあつた場合について準用する。この場合において，同条第4項中「差押命令」とあるのは，「差押処分」と読み替えるものとする。　　　　　（同第3項）

(2)　仮の処分

> 前2項の申立てがあつたときは，執行裁判所は，その裁判が効力を生ずるまでの間，担保を立てさせ，又は立てさせないで，第三債務者に対し，支払その他の給付の禁止を命ずることができる。(民執法153条3項)
> 　第1項又は第2項の規定による差押処分の取消しの申立てを却下する決定に対しては，執行抗告をすることができる。
> 　　　　　　　　　　　　　　　　　　　　　　（読替え後の同条4項）
> 　第3項の規定による決定に対しては，不服を申し立てることができない。　　　　　　　　　　　　　　　　　　　　　　（同条5項）

　3項の処分は，裁判が効力を生ずるまでの間の暫定的なものであるから，決定に対する不服申立てはできない。

第3　弁済金交付の実施

1　配当要求

(1)　配当要求のできる債権者

> 　執行力のある債務名義の正本を有する債権者及び文書により先取特権を有することを証明した債権者は，裁判所書記官に対し，配当要求をすることができる。　　　　　　　　　　　　　（民執法167条の9第1項）

　少額訴訟債権執行の対象となる債権が既に差し押さえられている場合，債権者は，債権差押処分（重複差押え）か，本条による配当要求の方法によることになる。

(2)　第三債務者への通知

　ア　配当要求があった場合

> 　第154条第2項の規定は，前項の配当要求があつた場合について準用する。　　　　　　　　　　　　　　　　　　　　　（同第2項）

　イ　第三債務者への通知

> 　前項の配当要求があつたときは，その旨を記載した文書は，第三債務者に送達しなければならない。　　　　　（民執法154条2項）

　この文書の送達を受けた第三債務者は，債権の差押さえられた部分に相当する金銭を供託する義務を負う（民執法167条の14第1項で準用する156条2項）。

(3)　執行異議の申立期間

> 　第1項の配当要求を却下する旨の裁判所書記官の処分に対する執行異議の申立ては，その告知を受けた日から1週間の不変期間内にしなければならない。　　　　　　　　　　　　　　　（民執法167条の9第3項）

(4)　執行異議却下に対する不服申立て

> 　前項の執行異議の申立てを却下する裁判に対しては，執行抗告をすることができる。　　　　　　　　　　　　　　　　　　　　（同第4項）

　執行異議の申立てを認めて配当要求却下処分を取り消す旨の決定（配当要

　　求を認める旨の決定）に対しては，執行抗告ができない。

2　弁済金の交付の手続
(1)　弁済金の交付の日の指定

> 　　裁判所書記官は，法第167条の11第3項の規定により弁済金及び剰余金を交付するときは，弁済金の交付の日を定めなければならない。
>
> （民執規則149条の6第1項）

　　裁判所書記官は，弁済金及び剰余金を交付する場合は，弁済金の交付の日を定めなければならない旨を定めており，不動産執行における弁済金の交付に関する規定である59条1項と同趣旨の規定である（条解民執規則598頁）。

(2)　弁済金の交付の日の期間制限

> 　　弁済金の交付の日は，特別の事情がある場合を除き，弁済金及び剰余金を交付すべきこととなつた日から1月以内の日としなければならない。
>
> （同第2項）

(3)　準用される規定

> 　　第59条第3項及び第60条から第62条までの規定は，法第167条の11第3項の規定により裁判所書記官が弁済金及び剰余金を交付する場合について準用する。この場合において，第60条中「配当期日等が定められたときは，裁判所書記官」とあるのは「裁判所書記官は，弁済金の交付の日を定めたとき」と，「配当期日等まで」とあるのは「弁済金の交付の日まで」と，「執行裁判所に提出する」とあるのは「提出する」と，第62条中「配当等」とあるのは「弁済金の交付」と読み替えるものとする。
>
> （同第3項）

　　準用される規定は，弁済金の交付の日の通知（民執規則59条3項），計算書の提出の催告（60条），売却代金の交付等の手続（61条），執行力のある債務名義の正本の交付（62条）である。

第4　取立完了

　債権者が請求債権及び執行費用の全額の支払を受けたときは，差押債権者は取立完了届を提出しなければならない。

　民執法167条の14第1項により155条が準用されている。

　差押債権者が第三債務者から支払を受けたときは，その債権及び執行費用は，支払を受けた額の限度で，弁済されたものとみなす。

（民執法155条3項）

第3章　移行等

第1　移行

1　転付命令等のための移行
(1)　転付命令等の換価命令を求める場合の移行申立て

> 　差押えに係る金銭債権について転付命令又は譲渡命令，売却命令，管
> 理命令その他相当な方法による換価を命ずる命令（以下この条において
> 「転付命令等」という。）のいずれかの命令を求めようとするときは，
> 差押債権者は，執行裁判所に対し，転付命令等のうちいずれの命令を求
> めるかを明らかにして，債権執行の手続に事件を移行させることを求め
> る旨の申立てをしなければならない。　　　　（民執法167条の10第1項）

　少額訴訟債権執行においては，差し押さえられた金銭債権について取立て
以外の方法による換価をすることは原則としてできない。換価方法として転
付命令，譲渡命令又は売却命令等を利用するときは，執行裁判所である簡易
裁判所に対し，通常の債権執行の手続に事件を移行させることを求める申立
てをしなければならない。

【移行申立書】

移　行　申　立　書

令和○年○月○○日

○○簡易裁判所　御中

債権者　○　○　○　○　（印）

　　　当 事 者　別紙当事者目録記載のとおり
　　　差押債権　別紙差押債権目録記載のとおり

　上記当事者間の令和○年（少ル）第○○号少額訴訟債権執行事件について，債権者は，令和○年○月○○日付け債権差押処分により差し押さえられた別紙差押債権目録記載の債権につき，下記＿の命令を求めるため，本件を○○地方裁判所の手続に移行することを申し立てる。

記

1　支払に代えて券面額で債権者に転付する旨の命令
2　執行裁判所が定めた価額で支払に代えて債権者に譲渡する命令
3　取立てに代えて執行裁判所の定める方法により執行官に売却を命ずる命令
4　管理人を選任して管理を命ずる命令

(2) 移行決定

> 前項に規定する命令の種別を明らかにしてされた同項の申立てがあつたときは，執行裁判所は，その所在地を管轄する地方裁判所における債権執行の手続に事件を移行させなければならない。
>
> （民執法167条の10第2項）

(3) 移行決定の効力と効力発生前の執行異議等申立てによる制限

> 前項の規定による決定が効力を生ずる前に，既にされた執行処分について執行異議の申立て又は執行抗告があつたときは，当該決定は，当該執行異議の申立て又は執行抗告についての裁判が確定するまでは，その効力を生じない。
>
> （同第3項）

(4) 移行申立てについての決定に対する不服申立て

> 第2項の規定による決定に対しては，不服を申し立てることができない。
>
> （同第4項）

　転付命令等のための移行申立てを認容する決定に対しては，不服申立てができない。

(5) 執行抗告

> 第1項の申立てを却下する決定に対しては，執行抗告をすることができる。
>
> （同第5項）

　移行申立てを却下する決定に対しては，執行抗告をすることができる。

(6) 移行決定が効力を生じた場合のみなし規定

> 　第2項の規定による決定が効力を生じたときは，差押処分の申立て又は第1項の申立てがあつた時に第2項に規定する地方裁判所にそれぞれ差押命令の申立て又は転付命令等の申立てがあつたものとみなし，既にされた執行処分その他の行為は債権執行の手続においてされた執行処分その他の行為とみなす。　　　　　　　　　　　　（同第6項）

2　債権執行の手続への移行の手続

(1)　移行の申立ての方式

> 　法第167条の10第1項の申立ては，書面でしなければならない。
> 　　　　　　　　　　　　　　　　　　　　（民執規則149条の5第1項）

(2)　第三債務者への通知

> 　法第167条の10第2項，法第167条の11第1項，第2項，第4項若しくは第5項又は法第167条の12第1項の規定による決定が効力を生じたときは，裁判所書記官は，差押処分の送達を受けた第三債務者に対し，その旨を通知しなければならない。　　　　　　　　　　　（同第2項）

(3)　記録の送付

> 　裁判所書記官は，前項に規定する場合には，遅滞なく，法第167条の10第6項（法第167条の11第7項及び法第167条の12第3項において準用する場合を含む。）の規定により差押命令の申立てがあつたものとみなされる地方裁判所の裁判所書記官に対し，事件の記録を送付しなければならない。　　　　　　　　　　　　　　　　　　　　　　（同第3項）

3　配当等のための移行

(1)　配当のための移行

> 　第167条の14第1項において準用する第156条第1項若しくは第2項又は第157条第5項の規定により供託がされた場合において，債権者が2人以上であつて供託金で各債権者の債権及び執行費用の全部を弁済することができないため配当を実施すべきときは，執行裁判所は，その所在地を管轄する地方裁判所における債権執行の手続に事件を移行させなければならない。　　　　　　　　　　　（民執法167条の11第1項）

　第三債務者による供託が行われ，供託金で各債権者の債権及び執行費用の全部を弁済することができないため配当を実施すべきときは，一般の原則による配当手続を行う必要があるから，地方裁判所に事件を移行させることになる。

(2)　移行先の選択

> 　前項に規定する場合において，差押えに係る金銭債権について更に差押命令又は差押処分が発せられたときは，執行裁判所は，同項に規定する地方裁判所における債権執行の手続のほか，当該差押命令を発した執行裁判所又は当該差押処分をした裁判所書記官の所属する簡易裁判所の所在地を管轄する地方裁判所における債権執行の手続にも事件を移行させることができる。　　　　　　　　　　　　　　　　　（同第2項）

(3)　弁済金交付による処理

> 　第1項に規定する供託がされた場合において，債権者が1人であるとき，又は債権者が2人以上であつて供託金で各債権者の債権及び執行費用の全部を弁済することができるときは，裁判所書記官は，供託金の交付計算書を作成して，債権者に弁済金を交付し，剰余金を債務者に交付する。　　　　　　　　　　　　　　　　　　　　　　　（同第3項）

(4)　弁済金交付の場合の移行

> 　前項に規定する場合において，差押えに係る金銭債権について更に差押命令が発せられたときは，執行裁判所は，同項の規定にかかわらず，その所在地を管轄する地方裁判所又は当該差押命令を発した執行裁判所における債権執行の手続に事件を移行させることができる。
> （同第4項）

(5)　債権執行手続において配当等を実施する場合の移行

> 　差押えに係る金銭債権について更に差押命令が発せられた場合において，当該差押命令を発した執行裁判所が第161条第7項において準用する第109条の規定又は第166条第1項第2号の規定により配当等を実施するときは，執行裁判所は，当該差押命令を発した執行裁判所における債権執行の手続に事件を移行させなければならない。　　（同第5項）

(6)　不服申立て

> 　第1項，第2項，第4項又は前項の規定による決定に対しては，不服を申し立てることができない。　　　　　　　　　　　（同第6項）

(7)　配当等の実施の規定の準用と読替え

> 　第84条第3項及び第4項，第88条，第91条（第1項第6号及び第7号を除く。），第92条第1項並びに第166条第3項の規定は第3項の規定により裁判所書記官が実施する弁済金の交付の手続について，前条第3項の規定は第1項，第2項，第4項又は第5項の規定による決定について，同条第6項の規定は第1項，第2項，第4項又は第5項の規定による決定が効力を生じた場合について，それぞれ準用する。この場合において，第166条第3項中「差押命令」とあるのは，「差押処分」と読み替えるものとする。　　　　　　　　　　　（同第7項）

4　裁量移行

　簡易裁判所において少額訴訟債権執行の手続により，簡易迅速に権利の実現

を図ることができないような，困難な判断や複雑な手続を要する事件については，裁量により，地方裁判所における債権執行の手続に事件を移行させることができる。

(1)　移行を相当とする事情

> 　執行裁判所は，差し押さえるべき金銭債権の内容その他の事情を考慮して相当と認めるときは，その所在地を管轄する地方裁判所における債権執行の手続に事件を移行させることができる。
>
> 　　　　　　　　　　　　　　　　　　　　　　　（民執法167条の12第1項）

(2)　移行決定に対する不服申立て

> 　前項の規定による決定に対しては，不服を申し立てることができない。
> 　　　　　　　　　　　　　　　　　　　　　　　　　　　　（同第2項）

(3)　みなし規定の準用

> 　第167条の10第3項の規定は第1項の規定による決定について，同条第6項の規定は第1項の規定による決定が効力を生じた場合について準用する。この場合において，同条第6項中「差押処分の申立て又は第1項の申立て」とあるのは「差押処分の申立て」と，「それぞれ差押命令の申立て又は転付命令等の申立て」とあるのは「差押命令の申立て」と読み替えるものとする。
> 　　　　　　　　　　　　　　　　　　　　　　　　　　　　（同第3項）

第2　総則規定の適用関係

1　民事執行法

> 　少額訴訟債権執行についての第一章及び第二章第一節の規定の適用については，第13条第1項中「執行裁判所でする手続」とあるのは「第167条の2第2項に規定する少額訴訟債権執行の手続」と，第16条第1項中「執行裁判所」とあるのは「裁判所書記官」と，第17条中「執行裁判所の行う民事執行」とあるのは「第167条の2第2項に規定する少額訴訟債権執行」と，第40条第1項中「執行裁判所又は執行官」とあるのは「裁判所書記官」と，第42条第4項中「執行裁判所の裁判所書記官」とあるのは「裁判所書記官」とする。　　　　　　　　　　　　　　　　（民執法167条の13）

　少額訴訟債権執行についても，民事執行法の総則規定である第一章，強制執行の総則規定である第二章第一節の規定の適用がある。

　ただし，これらの総則規定は，少額訴訟債権執行についてはそのまま適用できない規定もあるため，調整がなされている。

2　民事執行規則

> 　少額訴訟債権執行についての第一章の規定の適用については，第14条中「執行裁判所に対する民事執行」とあるのは「少額訴訟債権執行」と，「民事執行を開始する決定」とあるのは「差押処分」とする。
> 　　　　　　　　　　　　　　　　（民執規則149条の7）

　少額訴訟債権執行も，強制執行の一類型であり（法167条の2第1項），民事執行の一類型である（法1条）ことから，第1章総則の規定が当然に適用されることになる（条解民執規則600頁）。

第3　債権執行の規定の準用

1　民事執行法
　少額訴訟債権執行手続は，通常の債権執行手続を基礎とするものであるから，通常の債権執行手続における基本的規定が準用される。
(1)　債権執行の基本的規定の準用

> 　第146条から第152条まで，第155条から第158条まで，第164条第５項及び第６項並びに第165条（第３号及び第４号を除く。）の規定は，少額訴訟債権執行について準用する。この場合において，第146条，第155条第４項から第６項まで及び第８項並びに第156条第３項中「執行裁判所」とあるのは「裁判所書記官」と，第146条第１項中「差押命令を発する」とあるのは「差押処分をする」と，第147条第１項，第148条第２項，第150条，第155条第１項，第６項及び第７項並びに第156条第１項中「差押命令」とあるのは「差押処分」と，第147条第１項及び第148条第１項中「差押えに係る債権」とあるのは「差押えに係る金銭債権」と，第149条中「差押命令が発せられたとき」とあるのは「差押処分がされたとき」と，第155条第７項中「決定」とあるのは「裁判所書記官の処分」と，第164条第５項中「差押命令の取消決定」とあるのは「差押処分の取消決定若しくは差押処分を取り消す旨の裁判所書記官の処分」と，第165条（見出しを含む。）中「配当等」とあるのは「弁済金の交付」と読み替えるものとする。
>
> 　　　　　　　　　　　　　　　　　　　　（民執法167条の14第１項）

(2)　差押処分の取消しに対する不服申立て

> 　第167条の５第６項から第８項までの規定は，前項において読み替えて準用する第155条第６項の規定による裁判所書記官の処分がされた場合について準用する。　　　　　　　　　　　　　　　　　　（同第２項）

2　民事執行規則
不動産執行及び債権執行の規定の準用

> 　第26条，第27条及び第133条から第138条までの規定は，少額訴訟債権執行について準用する。この場合において，第133条第１項，第134条及び第136条中「差押命令」とあるのは「差押処分」と，第135条第１項第１号中「差押えに係る債権」とあるのは「差押えに係る金銭債権」と，「その債権」とあるのは「その金銭債権」と，「その種類及び額（金銭債権以外の債権

にあつては，その内容）」とあるのは「その種類及び額」と，同項第3号から第5号まで中「当該債権」とあるのは「当該金銭債権」と，第136条第3項中「債権執行の手続を取り消す旨の決定がされたとき」とあるのは「少額訴訟債権執行の手続を取り消す旨の決定がされたとき，又は少額訴訟債権執行の手続を取り消す旨の処分をしたとき」と読み替えるものとする。　　　　　　　　　　　　　　　　　　　　　　　（民執規則150条）

　本条は，少額訴訟債権執行に関し，不動産執行における配当要求の規定である26条及び27条（債権執行においても準用されている。145条）並びに債権執行に関する規定である133条から138条までを準用し，必要な読替えをした規定である（条解民執規則601頁）。

第4　少額訴訟債権執行の申立ての取下げ

1　申立ての取下げの通知

　執行裁判所に対する民事執行の申立てが取り下げられたときは，裁判所書記官は，民事執行を開始する決定の送達を受けた相手方に対し，その旨を通知しなければならない。　　　　　　　　　　　　（民執規則14条）

2　第三債務者への通知

　債権執行の申立てが取り下げられたときは，裁判所書記官は，差押命令の送達を受けた第三債務者に対しても，その旨を通知しなければならない。　　　　　　　　　　　　　　　　　　　　　　（民執規則136条1項）

　実務では，取下書正本の余白に次のような付記のゴム印を押している。

債務者・第三債務者
に対し
令和〇年〇月〇日
普通郵便にて通知済み
　　裁判所書記官

第4章　少額訴訟債権執行申立書

1　少額訴訟債権執行申立書（共通）

2　当事者目録以下
　(1)　銀行
　　ア　当事者目録
　　イ　請求債権目録
　　ウ　差押債権目録
　(2)　ゆうちょ銀行
　　ア　当事者目録
　　イ　請求債権目録
　　ウ　差押債権目録
　(3)　給料
　　ア　当事者目録
　　イ　請求債権目録
　　ウ　差押債権目録

【1少額訴訟債権執行申立書（共通）】

少額訴訟債権執行申立書

```
┌─────────┐
│         │
│  収入印紙  │
│         │
└─────────┘
```

○○簡易裁判所　裁判所書記官　殿

令和　　　年　　　月　　　日

申立債権者　　　　　　　　　　　　　　　　㊞

電　話　　　　　－　　　　　－
ＦＡＸ　　　　　－　　　　　－

当 事 者　┐
請求債権　├　　　　別紙目録記載のとおり
差押債権　┘

　　債権者は，債務者に対し，別紙請求債権目録記載の少額訴訟に係る債務名義の正本に表示された請求債権を有しているが，債務者がその支払をしないので，債務者が第三債務者に対して有する別紙差押債権目録記載の債権の差押処分を求める。

□　陳述催告の申立て（民事執行法第１６７条の１４，同法第１４７条１項）

添付書類
1　執行力ある債務名義の正本　　　　　　通
2　同送達証明書　　　　　　　　　　　　通
3　資格証明書　　　　　　　　　　　　　通

印　　紙	円	
予納郵券	円	

```
┌──────────┐
│          │
│          │
│          │
│  受 付 印  │
│          │
└──────────┘
```

（注）該当する事項の□にレを付する。

【2⑴銀行　ア当事者目録】

当　事　者　目　録

〒　　　　　－

都　道
府　県

- -

債　権　者

（送達場所）　□　同上
　　　　　　　□

〒　　　　　－

都　道
府　県

- -

債　務　者

〒　　　　　－

都　道
府　県

- -

第三債務者　　株式会社　　　　　　　　銀行

代表者代表取締役

（送達場所）　□　同上　　〒　　　　－
　　　　　　　□

銀行　　　　　　　　支店

【2⑴銀行　イ請求債権目録】

請　求　債　権　目　録

○○簡易裁判所　平成・令和　　　年（少コ）第　　　　　号事件の

- □　少額訴訟における確定判決
- □　仮執行宣言付少額訴訟判決
- □　執行力のある少額訴訟における和解調書
- □　執行力のある少額訴訟における和解に代わる決定
- □

正本に表示された

下記金員及び執行費用

（1）　元　　金　　　　　金　　　　　　　　　　　円
- □　主文第　　　項　の金員（□内金　□残金）
- □　和解条項第　　　項　の金員（□内金　□残金）
- □

（2）　損　害　金　　　　　金　　　　　　　　　　円
- □　上記(1)に対する，平成・令和　　　年　　　月　　　日まで年　　　　パーセントの割合による金員
- □　上記(1)の内金　　　　　　　　　　円に対する，平成・令和　　　年　　　月　　　日から令和　　　年　　　月　　　日まで年　　　パーセントの割合による金員
- □

（3）　執行費用　　　　　金　　　　　　　　　　円

（内訳）本申立手数料　　　　　　金　　　　　　　　円
　　　　本申立書作成及び提出費用　金　１，０００円
　　　　差押処分正本送達費用　　　金　　　　　　　　円
　　　　資格証明書交付手数料　　　金　　　　　　　　円
　　　　送達証明書申請手数料　　　金　　　　　　　　円
　　　　執行文付与申立手数料　　　金　　　　　　　　円

合　計　金　　　　　　　　　　円

- □　（□最終）弁済期　平成・令和　　　年　　　月　　　日
- □　なお，債務者は，　　　　　　　　　　　　　　　　　　　　に支払うべき金員の支払を怠り，平成・令和　　　年　　　月　　　日の経過により期限の利益を喪失した。
- □　なお，債務者は，　　　　　　　　　　　　　　　　　　　に支払うべき金員の支払を怠り，その額が金　　　　　　　　　　　　円に達したので，平成・令和　　　年　　　月　　　日の経過により期限の利益を喪失した。
- □

【2⑴銀行　ウ差押債権目録】

差　押　債　権　目　録

金　　　　　　　　　円

　債務者が第三債務者株式会社　　　　　　銀行（　　　　　支店扱い）に対
して有する下記預金債権及び同預金に対する預入日から本処分送達時までに既
に発生した利息債権のうち，下記に記載する順序に従い，頭書金額に満つるま
で。

記

1　差押えのない預金と差押えのある預金があるときは，次の順序による。
　⑴　先行の差押え，仮差押えのないもの
　⑵　先行の差押え，仮差押えのあるもの
2　円貨建預金と外貨建預金があるときは，次の順序による。
　⑴　円貨建預金
　⑵　外貨建預金（差押処分が第三債務者に送達された時点における第三債務
　　　　　　　　者の電信買相場により換算した金額（外貨）。但し，先物為
　　　　　　　　替予約があるときは，原則として予約された相場により換
　　　　　　　　算する。）
3　数種の預金があるときは，次の順序による。
　⑴　定期預金
　⑵　定期積金
　⑶　通知預金
　⑷　貯蓄預金
　⑸　納税準備預金
　⑹　普通預金
　⑺　別段預金
　⑻　当座預金
4　同種の預金が数口あるときは，口座番号の若い順序による。
　　なお，口座番号が同一の預金が数口あるときは，預金に付せられた番号の
　若い順序による。

【2⑵ゆうちょ銀行　ア当事者目録】

当　事　者　目　録

〒　　　　　ー

都　道
府　県

....

債　権　者

（送達場所）　　□　同上
　　　　　　　　□

　　　　　　　（連絡先）電話 ＿＿＿＿ － ＿＿＿＿＿ － ＿＿＿＿＿＿ （担当）＿＿＿＿＿＿

〒　　　　　ー

都　道
府　県

....

債　務　者

〒　　　　　ー

都　道
府　県

....

第三債務者

（送達場所）　　□　同上
　　　　　　　　□

【2⑵ゆうちょ銀行　イ請求債権目録】

請　求　債　権　目　録

　　○○簡易裁判所　平成・令和　　　年（少コ）第　　　　　　　号事件の
　　□　少額訴訟における確定判決
　　□　仮執行宣言付少額訴訟判決
　　□　執行力のある少額訴訟における和解調書　　　　　　正本に表示された
　　□　執行力のある少額訴訟における和解に代わる決定
　　□
　下記金員及び執行費用

（1）　元　　金　　　　　　金　　　　　　　　　　　　円
　　┌　□　主文第　　　項　の金員（□内金　□残金）
　　│　□　和解条項第　　　項　の金員（□内金　□残金）
　　│　□
　　└

（2）　損　害　金　　　　　金　　　　　　　　　　　　円
　　┌　□　上記⑴に対する，平成・令和　　　年　　月　　　日から令和　　　年　　　月
　　│　　　　日まで年　　　　パーセントの割合による金員
　　│　□　上記⑴の内金　　　　　　　　　円に対する，平成・令和　　　年　　　月
　　│　　　　日から令和　　　年　　月　　　日まで年　　　パーセントの割合による金員
　　└　□

（3）　執行費用　　　　　　金　　　　　　　　円

　　　　（内訳）本申立手数料　　　　　　　金　　　　　　　円
　　　　　　　　本申立書作成及び提出費用　金　１，０００円
　　　　　　　　差押処分正本送達費用　　　金　　　　　　　円
　　　　　　　　資格証明書交付手数料　　　金　　　　　　　円
　　　　　　　　送達証明書申請手数料　　　金　　　　　　　円
　　　　　　　　執行文付与申立手数料　　　金　　　　　　　円

　　　　合　　計　　金　　　　　　　　　円

□　（□最終）弁済期　平成・令和　　　年　　月　　　日
□　なお，債務者は，　　　　　　　　　　　　　　　　　　に支払うべき金員
　の支払を怠り，平成・令和　　　年　　月　　　日の経過により期限の利益を喪失した。

□　なお，債務者は，　　　　　　　　　　　　　　　　に支払うべき
　金員の支払を怠り，その額が金　　　　　　　　　　　円に達したので，平成・令和
　　　年　　月　　　日の経過により期限の利益を喪失した。

□

【2(2)ゆうちょ銀行　ウ差押債権目録】

差　押　債　権　目　録

金　　　　　　　　円

　債務者が第三債務者株式会社ゆうちょ銀行（　　　　貯金事務センター扱い）に対して有する下記貯金債権及び同貯金に対する預入日から本処分送達時までに既に発生した利息債権のうち，下記に記載する順序に従い，頭書金額に満つるまで。

記

1　差押えのない貯金と差押えのある貯金があるときは，次の順序による。

　(1)　先行の差押え，仮差押えのないもの

　(2)　先行の差押え，仮差押えのあるもの

2　担保権の設定されている貯金とされていない貯金があるときは，次の順序による。

　(1)　担保権の設定されていないもの

　(2)　担保権の設定されているもの

3　数種の貯金があるときは，次の順序による。

　(1)　定期貯金

　(2)　定額貯金

　(3)　通常貯蓄貯金

　(4)　通常貯金

　(5)　振替貯金

4　同種の貯金が数口あるときは，記号番号の若い順序による。

　　なお，記号番号が同一の貯金が数口あるときは，貯金に付せられた番号の若い順序による。

【2⑶給料　ア当事者目録】

当 事 者 目 録

〒　　　　　－

都 道
府 県

··

債　権　者

（送達場所）　□　同上
　　　　　　　□

··

··

（連絡先）電話 ＿＿＿ － ＿＿＿＿ － ＿＿＿＿＿ （担当）＿＿＿＿＿

〒　　　　　－

都 道
府 県

··

債　務　者

··

〒　　　　　－

都 道
府 県

··

第三債務者

（送達場所）　□　同上
　　　　　　　□

··

··

【2⑶給料　イ請求債権目録】

請　求　債　権　目　録

○○簡易裁判所　平成・令和　　　年（少コ）第　　　　　　号事件の
- □　少額訴訟における確定判決
- □　仮執行宣言付少額訴訟判決
- □　執行力のある少額訴訟における和解調書　　　　　　　　正本に表示された
- □　執行力のある少額訴訟における和解に代わる決定
- □

下記金員及び執行費用

（1）　元　　金　　　　　　金　　　　　　　　　　　円
- □　主文第　　　項　の金員（□内金　□残金）
- □　和解条項第　　　項　の金員（□内金　□残金）
- □

（2）　損　害　金　　　　　金　　　　　　　　　　　円
- □　上記(1)に対する，平成・令和　　　年　　月　　　日から令和　　　年　　　月
　　　日まで年　　　　パーセントの割合による金員
- □　上記(1)の内金　　　　　　　　　円に対する，平成・令和　　　年　　　月
　　　日から令和　　　年　　月　　　日まで年　　　パーセントの割合による金員
- □

（3）　執行費用　　　　　　金　　　　　　　　　　　円

（内訳）本申立手数料　　　　　　　金　　　　　　　円
　　　　本申立書作成及び提出費用　金　１，０００円
　　　　差押処分正本送達費用　　　金　　　　　　　円
　　　　資格証明書交付手数料　　　金　　　　　　　円
　　　　送達証明書申請手数料　　　金　　　　　　　円
　　　　執行文付与申立手数料　　　金　　　　　　　円

合　　計　　金　　　　　　　　　円

- □　（□最終）弁済期　平成・令和　　　年　　月　　　日
- □　なお，債務者は，　　　　　　　　　　　　　　　　　　に支払うべき金員
　の支払を怠り，平成・令和　　　年　　月　　　日の経過により期限の利益を喪失した。
- □　なお，債務者は，　　　　　　　　　　　　　　　　　　に支払うべき
　金員の支払を怠り，その額が金　　　　　　　　　円に達したので，平成・令和
　　　年　　月　　　日の経過により期限の利益を喪失した。
- □

【2⑶給料　ウ差押債権目録】

<h1>差　押　債　権　目　録</h1>

金　　　　　　　　　円

　債務者（　　　　　　　　　　勤務）が，第三債務者から支給される，本処分送達日以降支払期の到来する下記債権にして，頭書金額に満つるまで。

記

1　給料（基本給と諸手当。ただし，通勤手当を除く。）から所得税，住民税，社会保険料を控除した残額の4分の1（ただし，上記残額が月額44万円を超えるときは，その残額から33万円を控除した金額）

2　賞与から1と同じ税金等を控除した残額の4分の1（ただし，上記残額が44万円を超えるときは，その残額から33万円を控除した金額）

　なお，1及び2により弁済しないうちに退職したときは，退職金から所得税及び住民税を控除した残額の4分の1にして，1及び2と合計して頭書金額に満つるまで。

事 項 索 引

条 文 索 引

判　例　索　引

著者略歴　　三好一幸
　　　　　　　み　よし　かず　ゆき

　昭和29年4月30日生，東京都立大学（首都大学東京）法学部卒業，平成12年8月東京簡易裁判所判事，14年4月広島簡易裁判所判事，17年3月さいたま簡易裁判所判事，20年4月甲府簡易裁判所判事，23年3月東京簡易裁判所判事，26年3月伊那・岡谷簡易裁判所判事，29年3月東京簡易裁判所判事，令和2年3月秩父簡易裁判所判事，現在に至る。

著書　「民事訴訟の理論と実務」　　　　　　平成27年，司法協会
　　　「民事調停の理論と実務」　　　　　　平成28年，司法協会
　　　「略式手続の理論と実務」【第二版】　平成29年，司法協会
　　　「民事保全の理論と実務」　　　　　　平成30年，司法協会
　　　「刑事公判の理論と実務」【第二版】　令和元年，司法協会
　　　「令状審査の理論と実務」【第二版】　令和2年，司法協会

少額訴訟の理論と実務

2021年1月　第1刷発行

　　著　　　者　　三　好　一　幸
　　発 行 人　　井　上　　　修
　　発 行 所　　一般財団法人　司　法　協　会
　　　　　　　　〒104-0045　東京都中央区築地1-4-5
　　　　　　　　第37興和ビル7階
　　　　　　　　出版事業部
　　　　　　　　電話 (03)5148-6529
　　　　　　　　FAX (03)5148-6531
　　　　　　　　http://www.jaj.or.jp

落丁・乱丁はお取り替えいたします。　　　印刷製本／星野精版印刷㈱
ISBN978-4-906929-87-0　C3032　￥2700E